民國文化與文學_{研究}文叢

五 編

李 怡 主編

第 **24** 冊

黑馬甲：民國時代的左翼電影
—— 1932～1937年現存中國電影文本讀解（下）

袁慶豐 著

國家圖書館出版品預行編目資料

黑馬甲：民國時代的左翼電影——1932～1937 年現存中國電
影文本讀解（下）／袁慶豐 著 — 初版 — 新北市：花木蘭文
化出版社，2015〔民104〕
目 2+176 面：19×26 公分
（民國文化與文學研究文叢 五編：第 24 冊）
ISBN 978-986-404-266-1（精裝）
1. 影評 2. 左派
541.26208   104012158

ISBN-978-986-404-266-1

9 789864 042661

民國文化與文學研究文叢
五　編　第二四冊   ISBN：978-986-404-266-1

黑馬甲：民國時代的左翼電影
—— 1932 ～ 1937 年現存中國電影文本讀解（下）

作　　者　袁慶豐
主　　編　李　怡
企　　劃　四川大學現代中國文化與文學研究中心
　　　　　北京師範大學民國歷史文化與文學研究中心
總 編 輯　杜潔祥
副總編輯　楊嘉樂
編　　輯　許郁翎
出　　版　花木蘭文化出版社
社　　長　高小娟
聯絡地址　235 新北市中和區中安街七二號十三樓
　　　　　電話：02-2923-1455／傳真：02-2923-1452
網　　址　http://www.huamulan.tw 信箱 hml 810518@gmail.com
印　　刷　普羅文化出版廣告事業
初　　版　2015 年 9 月
全書字數　201796 字
定　　價　五編 24 冊（精裝）新台幣 45,000 元

黑馬甲：民國時代的左翼電影
—— 1932～1937 年現存中國電影文本讀解（下）

袁慶豐　著

目
次

下 冊

第玖章　左翼「精神」、市民「體格」與知識分子情趣——《體育皇后》（1934 年）：變化中的左翼電影之一

閱讀指要：

　　《體育皇后》是導演孫瑜為黎莉莉出佻的健美和火辣性感量身訂做的，它在傳達左翼精神、反映新知識分子審美情趣的同時，整個故事框架和表現手段都借助了舊市民電影的慣常模式，其實可以還原為郎才女貌加三角戀愛關係——譬如，女主角身邊一定有兩個以上的優秀男人展開競爭。作為 1930 年代國產電影新派導演之一的代表孫瑜，他作品的「新」除了著力表述時代最強音之一的左翼精神之外，所啟用的演員也體現出新時代的審美標準和特色。因此，在強調《體育皇后》左翼性質的同時，影片又始終是從新知識分子的審美角度出發，進而表現出左翼電影借助市民電影表現手法的新趨勢。

關鍵詞：左翼電影；另類；製片路線；舊市民電影；審美情趣；知識分子；

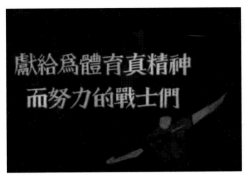 

專業鏈接 1：《體育皇后》（故事片，黑白，無聲），聯華影業公司 1934 年出品，
「聯華」上海第二製片廠攝製。VCD（雙碟），時長 86 分 24 秒。

　　〉〉〉 **編劇、導演**：孫瑜；**攝影**：裘逸葦。

　　〉〉〉 **主演**：黎莉莉、張翼、白璐、王默秋、高威廉。

專業鏈接 2：原片片頭字幕及演職員表字幕（標點符號為錄入者添加）

　　聯華影業公司出品。

　　上海第二製片廠攝製。

　　《體育皇后》。

　　監製：羅明祐；製片主任：陸涵章；攝影：裘逸葦；布景：劉晉三。

　　演員表：

　　　　　　林瓔——黎莉莉，

　　　　　　雲鵬——張翼，

　　　　　　雲雁——殷虛，

　　　　　　蕭秋華——白璐，

　　　　　　艾錚——王默秋，

　　　　　　高大少——高威廉，

　　　　　　胡少元——何非光，

　　　　　　林父——尚冠武，

　　　　　　伯父——劉繼群，

　　　　　　校長——李君磐，

　　　　　　小毛——韓蘭根，

　　　　　　大蟲——殷秀岑。

　　編劇、導演：孫瑜。

　　獻給為體育真精神而努力的戰士們。

專業鏈接 3：影片鏡頭統計

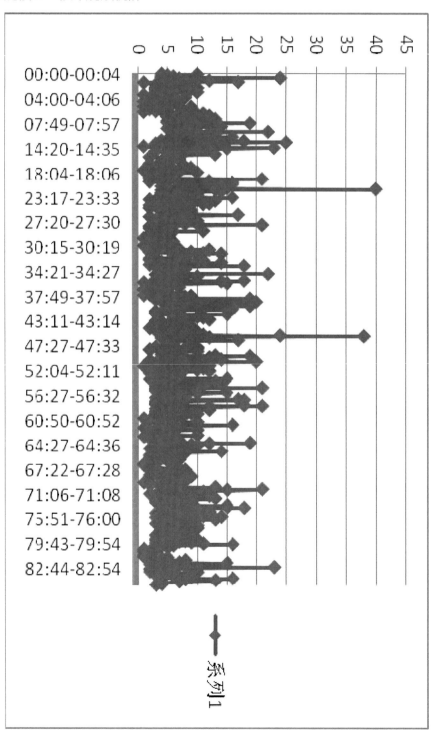

　　說明：《體育皇后》全片時長 85 分 24 秒，共 766 個鏡頭。其中：

甲、小於和等於 5 秒的鏡頭 267 個，大於 5 秒、小於和等於 10 秒的鏡頭 368
　　個，大於 10 秒、小於和等於 15 秒的鏡頭 70 個，大於 15 秒、小於和等
　　於 20 秒的鏡頭 27 個，大於 20 秒、小於和等於 25 秒的鏡頭 12 個，大
　　於 25 秒、小於和等於 30 秒的鏡頭 0 個，大於 30 秒、小於和等於 35
　　秒的鏡頭 0 個，大於 35 秒、小於和等於 40 秒的鏡頭 2 個，大於 40 秒、
　　小於和等於 45 秒的鏡頭 0 個。

乙、片頭鏡頭 10 個，片尾鏡頭 1 個：字幕鏡頭 107 個，其中交代劇情的鏡
　　頭 9 個，交代人物鏡頭 0 個，對話鏡頭 98 個。

丙、固定鏡頭 580 個，運動鏡頭 69 個。

丁、遠景鏡頭 7 個，全景鏡頭 183 個，中景鏡頭 121 個，近景鏡頭 287 個，
　　特寫鏡頭 26 個。

（數據統計與圖表製作：喬潔瓊，核實：劉曉琳）

甲、前面的話

　　在 1930 年代，中國幾乎所有的電影製片公司都集中在上海，其中，聯華
影業公司、明星影片公司和天一影片公司基本上佔據和瓜分了海內外國產片
市場。在三大電影公司中，「聯華」公司屬於新派[1] P147。其「新」的特點，
首先在於它是出產左翼電影的中心。那些今天被視爲經典、一般觀眾所熟知
的左翼電影，很多都是出自「聯華」同人之手，譬如 1934 年的配音片《漁光
曲》、《大路》和《新女性》，無聲片《神女》等。相對於 1920 年代以家長里
短婚戀戲和怪力亂神武打片爲主的舊市民電影，1930 年代初期興起的、以新
人物、新思想和新時代氣息取勝的左翼電影，的確給以青年學生爲主體的新
觀眾群體耳目一新的感覺。

　　「聯華」公司的「新」，還在於其旗下有一批新派導演，譬如曾經留學美
國專攻電影的孫瑜（1900～1990）就是其中的一個代表。孫瑜的「新」除了

在作品中著力表述時代最強聲音之一的左翼精神之外，他所啓用的演員也體現出新時代的審美標準。在 1932 年，孫瑜就已經提攜培養了兩位新生代女影星：王人美（1914～1987）和黎莉莉（1915～2005）。兩人分別在他爲「聯華」編導的左翼影片《野玫瑰》和《小玩意》中一鳴驚人、豔光四射。這兩位女星，和同時代的其他著名女影星譬如阮玲玉（1910～1935）、胡蝶（1907～1989）的重要區別在於，王人美和黎莉莉兩人從外形到精神氣質，都具有更多的時尚氣息、更多的未經打磨和人工雕飾的野性和率眞，以及青年女性更健康的體格和更純情的造型〔註1〕。

乙、左翼精神的貫穿和左翼電影正反面特徵的體現

　　體育題材的《體育皇后》可以說是孫瑜爲黎莉莉量身訂做的，因爲黎莉莉比較出挑的地方就是她健美的身材。實際上，孫瑜早在 1932 年拍攝《火山情血》的時候就充分地利用了黎莉莉這個特點，爲她安排了大段的歌舞鏡頭，展示其性感的 一雙美腿〔註2〕。因此，不能片面強調《體育皇后》的左翼性質，

〔註 1〕作爲一代影星，阮玲玉的哀怨形象似乎已經成爲一個時代符號、一種阮式招牌的表演模式：這當然和她包括生理特徵的自身特點有關。而胡蝶的氣質更多的傾向於一種雍容大氣，即使是她在扮演所謂貧家女子的影片當中，（例如明星影片公司 1933 年出品的《姊妹花》），她身上這種上層階級的高貴氣質也無法遮掩：這與她天庭飽滿的古典美人容貌有關，更與她在 1920 年代末期成名後，在上層社會豐富的交際遊歷生活相關聯——據說，胡蝶還是中華民國政府第一任總理（1912 年）唐紹儀（1862～1939）的遠房親戚[3]。

〔註 2〕西方審美文化和審美意識雖然 1930 年代已經進入中國社會並產生廣泛影響，但由於東方女性自身的生理特徵和傳統審美觀念的制約，當時國人對女性身體的審美還只是從古典範疇中的兩臂（「清輝玉臂寒」杜甫：《月夜》）擴展到雙腿，還沒有像今天這樣毫無顧忌地向其他部位提升。這種情形一直持續到 1949 年前後。在那之後，大陸電影中女性美又重新被人爲遮蔽和包裹。因此，在 1930 年代，女運動員身體的裸露是比較超前的，在一定意義上是驚世駭俗的。

在我看來，《體育皇后》是在左翼精神貫穿的同時，始終是從知識分子的審美
角度出發，表現出大量借助市民電影模式和表現手法的趨勢——這是發展中
的左翼電影在 1934 年的新特點。

　　《體育皇后》中如下兩句臺詞可以看作影片是左翼性質的點題之筆：

　　　　「哼！皇后！一切想做皇后的，一切捧皇后的，讓我們有一天
　　把他們都埋葬掉！」

　　　　「一切不合理的、貴族的、個人的錦標賽，新時代是都要拋棄
　　他們的！為著體育的真精神，我們只有奮鬥！只有向前！」

　　所謂左翼精神，在影片中最直接的體現，就是男主人公雲鵬（張翼飾演）
所宣揚的體育精神，而它實際上就是「體育救國」理念的具體化和通俗化表
述。譬如雲鵬一直在強調「健全的精神」和「健全的身體」，並且有針對性地
指出：學體育的學生不需要香粉和胭脂。而林瓔（黎莉莉飾演）的故事本身，
就是對雲鵬所提倡的體育精神的形象圖解。

　　左翼電影是中國 1930 年代主要的電影類型之一，它大致有著幾個基本的
特徵。從一個方面說，就是反抗強權勢力和強力階層、宣揚革命意識尤其是
階級鬥爭、同情和歌頌以底層民眾尤其是工農階級為代表的弱勢群體、對社
會現實的強烈批判等等……。左翼電影的特徵也可以從另一個方面來論說，
譬如強調理念和意識形態的宣傳性、鼓動性，有時甚至不惜犧牲生活真實，
相對忽略影片的藝術特性等等……。

　　如果僅僅以上述特徵來衡量就會發現，《體育皇后》顯然符合左翼電影
的反強權特徵。就影片反映的時代背景而言，當時的國際形勢就是中日關
係的緊張（日本加緊全面侵略中國），國內則是國民黨政府的獨裁統治進一
步加劇所引發的政治集團角力。對前者，影片借助遠東運動會開幕式鏡頭，

特別給出東三省和華北地區的代表隊的旗幟：遼寧、哈爾濱、黑龍江、熱河。這個細節非常突出的體現了《體育皇后》左翼精神的主要特徵。眾所周知，在當時，政府當局明令禁止在電影中出現抗日以及東三省等有關時局的敏感字樣和事件[1] P293，顯然，《體育皇后》是明白影射和反對政府的對日妥協政策。

　　除了完全意義上的經典左翼電影，譬如《神女》（聯華影業公司 1934年出品）和《桃李劫》（電通影片公司 1934 年出品），一般意義上的左翼電影，往往為了理念的表述不惜犧牲生活真實、編造情節。譬如在《體育皇后》裏，女主人公林瓔具有極其罕見的運動天分：她一出場比賽，就接連打破女子 50 米和 100 米的全國記錄，然後又向 200 米的全國記錄衝擊。這樣奇異功能的賦予，看上去有點不可思議。但是在左翼電影製作當中，它又確實非常普遍和正常。因為所有優越條件的賦予和積累只是為了理念和主題的表達做鋪墊：對體育精神的提倡和反對錦標主義思想（比賽第一，名利至上）。

　　其次，林瓔的比賽競爭對手蕭秋華在不良隊友的鼓動下，為了奪得體育桂冠不惜拼死一爭，最後摔倒在距離終點 2 米的地方，醫生來檢查後宣佈說她有嚴重的心臟病。這個細節表現就有些問題，因為蕭秋華在此之前的症狀是不斷咳嗽，而這應該是肺病的一個最起碼的徵兆和體現，不應該引發心臟病。如果姑且承認咳嗽是心臟病的一個徵兆的話，那麼她臨死之前還講了那麼大一段話（悔恨和心聲祖露），這又不符合突發性心臟病的標準。

　　其實，左翼電影類似的情節構置所在多見，然而左翼電影的魅力也又在這裡。作為普通觀眾，一般都會忽略這些不合情理的情節。因為影片所要表

述的和張揚的，是充滿左翼精神的新鮮氣質。左翼精神說到底又是另類的。譬如在《體育皇后》當中，你會發現黎莉莉扮演的林瓔一路高歌猛進，「體育皇后」的桂冠眼見唾手可得、指日可待，只要第二天上場比賽就可以拿到，但突然間，林瓔宣佈放棄比賽，不要去爭那個冠軍稱號了。

在教練雲鵬的勸說之下，本著體育「自始至終」的精神，雖然林瓔最終上場參賽，但她偏要在到達終點之前讓出了第一名。這樣的所作所為，就電影的情節而言，似乎有些不近情理的地方。但是從左翼精神和左翼電影的角度去考量，它確實又是中規中矩的表現。這就是左翼電影的魅力：另類或曰異端——如果你不理解這一點的話，就會百思不得其解。

如果在承認這個判定的前提下，你就會注意到，在表現女性題材和女性生活的左翼電影當中，什麼樣的職業和身份最具有左翼精神及其批判性？性工作者。這個身份和題材，即使在今天，也會被全社會和大多數群體視為異類或異端。但是在1930年代，左翼電影偏偏要挖掘這些性從業人員身上閃光的地方。譬如「聯華」公司在1934年出品的配音片《新女性》中，阮玲玉扮演的女主人公是位作家，但影片的高潮卻是她做金錢交易的一夜情風波；在同一年，在偉大的導演吳永剛編導的無聲片《神女》中，阮玲玉更將一個被全社會視為異類和異端的傳統職業和普通性行業中普通的一介女性，定格在人性高峰，令萬人垂憐、讓青史留名——從這個角度說，左翼電影不是另類又是什麼？

丙、市民電影的體格和知識分子的情趣的合成

所謂市民電影體格，指的是作為左翼電影，《體育皇后》的整個故事框架和表現手段是舊市民電影的慣常模式，歸結起來，其實可以還原為郎才女貌

加三角戀愛關係——但它並不妨礙左翼精神的傳達。譬如，女主角身邊一定
有兩個以上的優秀男人展開競爭，並且有言語和肢體上的衝突。《體育皇后》
中，林瓔身邊最先出場爭寵的男人是她嬸嬸的親侄子、一個剛從國外回來的
比較呆滯（學究氣）的「海歸」，滿嘴是密死（Miss）和屁人（鄙人）；第二個
男人是林瓔在舞會上結識的著名球王。當然，這兩個男人都只是一種襯托，
他們要襯托一個更爲高大完美的、更有競爭力的男性形象，這就是林瓔的專
業老師、教練兼男朋友雲鵬〔註 3〕。因此，《體育皇后》的舊市民電影框架結
構是明顯的。

　　作爲左翼電影，《體育皇后》爲什麼要借助市民電影的框架？究其根本原
因，1930 年代初期舊市民電影衰落後，新市民電影和左翼電影幾乎同時出現
並且成爲取而代之的主流電影，新舊電影之間的歷史傳承（譬如結構和基本
元素）是順理成章的常識。對此，有研究者更進一步指出：「不管電影和政治
的關係多麼密切，但歸根到底，它是一種企業行爲，是在經營渠道（投資製
片、發行放映、觀眾購票、收回投資並獲利）中運行的，因此，贏得觀眾也
就是贏得了電影營業的勝利」[2]。換而言之，左翼電影發展到 1934 年，已經
開始發生變化，其中之一就是表現出與新市民電影相互滲透、融合的趨勢—
—這種變化是針對市場營銷的必然反應。

　　在我看來，就現存的公眾能夠看到的電影文本而言，1934 年的左翼電影
實際上分成三個分支，一個分支就是像《新女性》和《大路》這樣傳統類型
的左翼電影：主題先行，思想大於藝術，理念大於形象；第二個分支就是成

〔註 3〕扮演者張翼在同年「聯華」公司出品的影片《大路》中，出演的人物名叫張
　　　　羽；對比雲鵬—張羽的命名思路，與其說這是中國傳統姓名學內在的文化邏
　　　　輯使然，不如說它是《體育皇后》左翼精神細節化的外在體現。

－182－

熟的、完全意義上的左翼電影，其代表是《桃李劫》和《神女》：思想和藝術完美地結合，也就是人們熟知的經典意義上的左翼電影；第三個分支就是左翼電影和新市民電影的合流，《漁光曲》和《體育皇后》就屬此類：有意識的學習和借鑒新市民電影常用的表現方式和人物形象的塑造手段。

因此，《體育皇后》的左翼精神是勿庸置疑的，表現也所在多見。但是它的表現手法，從人物形象的塑造到切入角度和表形手法，都對市民電影有所借鑒。譬如，從女主人公一出場、影片的前三分之一部分，其實就是舊市民電影中常見的鄉下人進城裏鬧笑話的翻版，只不過這個背景放在 1930 年代。其實這樣的手法對導演孫瑜來說並不是第一次使用，他在 1933 年編導的《野玫瑰》中，就讓王人美扮演的鄉下丫頭進城以後在富人家裏鬧出來很多笑話，譬如在大庭廣眾之下撩開裙子擺弄長筒襪。

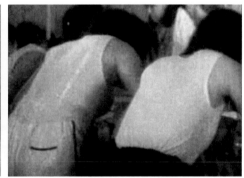

《體育皇后》中，林瓔第一次出場亮相就極其瘋狂：迎接的眾人到處找不到她，原來她爬到客輪的大煙囪上玩耍去了。林瓔進城後，別人問她城裏的觀感，她回答說，這城裏是非常奇怪的地方，有的地方像皇宮，有的地方像狗洞，有的人那麼瘦，有的人肥的像豬。類似的例子還有著名喜劇演員韓蘭根和殷秀岑兩人的表演，以及林瓔在比賽的時候，一個老頭非常變態的為艾錚歡呼加油的情節設置〔註4〕。

這些鬧劇和噱頭，都是舊市民電影經常使用的方式和基本元素。換而言之，在 1930 年代，不管是新市民電影還是左翼電影，都在借鑒和使用舊市民電影常用的喜劇元素。

〔註 4〕如果你翻檢現存的舊市民電影文本，就會發現這個老頭曾在阮玲玉主演的《桃花泣血記》（無聲片，聯華影業公司 1931 年出品）中出演一個老淫棍。你就會明白導演為什麼安排這樣一個角色，因為他在觀眾中有相當的群眾基礎，這是有道理的。

　　所謂的新知識分子情趣，指的是在舊市民電影中，影片的審美趣味常常被傳統倫理道德所統攝。就《體育皇后》而言，編導孫瑜雖然採取一種市民視角和市民電影的表現方式來打造影片，但是細加分析就會發現，鄉下人進城的鬧劇也好，丑角配置和喜劇元素的使用也罷，這些都是外在的表現形態。正像《體育皇后》中的左翼精神滲入到骨子裏一樣，編導的知識分子審美情趣在整個影片當中也是貫穿始終。這個原因不能僅僅歸結為孫瑜的留美學生背景，真正的背景還在於觀眾群體。

　　1930 年代初期，中國舊市民電影之所以沒落，左翼電影和新市民電影之所以大量出現並迅速主導國產影片市場，其中一個根本原因就是觀眾群體的性質發生了根本變化。舊市民電影時代即 1920 年代，觀眾群體的主要構成是城市中的下層市民，電影屬於低端文化消費；而 1930 年代，隨著中國教育事業的發展和東南沿海城市和民族經濟的繁榮，以青年學生為代表的知識階層和城市上層社會開始形成新的觀眾群體，並進一步影響到國產影片的製作路線和市場走向：所謂新市民電影是相對於舊市民電影而言的，它和左翼電影作為新電影類型，雖然在歷史形態和電影發展過程中都脫胎於舊市民電影，但二者對於電影新技術手段（有聲技術）和新思想（左翼思想元素）的共同使用和開發卻又是一致的。

　　《體育皇后》的知識分子審美情趣首先主要體現在體育題材的選擇、尤其是對女主角黎莉莉和其他女運動員健美軀體的裸露和展示上。這看似庸俗，但卻是影片製作、票房保證、市場需求和觀眾群體性質的綜合因素所決定的。其次，這樣的裸露，一方面基於左翼立場的開放心態，另一方面，它又是對傳播一種更為文明的生活方式的貢獻。譬如女運動員們的洗浴，無論是刷牙還是洗澡，的確讓人感慨良多。這是編導有意表彰的，因為這樣的生

活方式在當時是只有少數群體和階層才能享受得到〔註5〕。

丁、結語

　　當然，最能體現知識分子的審美情趣的，是影片對學院教學和生活的通俗展示。因爲在一般人看來，《體育皇后》除了能看到女性的身體之外，還能夠看到新學堂裏面的內部生活（新生活）。但是在編導這裡，就像宣傳文明生活方式一樣，對學院的學習和內容的展示情有獨鍾。譬如，《體育皇后》借雲鵬老師之口講出那麼一大堆對「體育精神」的理解和宣揚，在當時絕對是很有革命精神的時尚話語和前衛理念。

　　新市民電影與舊市民電影最重要的區別之一，還在於前者及時引進和借用了當時流行的左翼思想的諸種元素：最明顯的例子就是 1933 年的《姊妹花》（有聲片，明星影片公司出品），影片的題材、框架、人物以及衝突設置，都屬於典型的舊市民電影形態，但編導和製片方給它加入了當時流行的對富有階級（強力階層）的抨擊、對窮人（無產階級和弱勢群體）的同情和歌頌，以及對不合理社會現實理想化的藝術處理。在這個意義上講，左翼電影和新市民電影都是在 1933 年出現的新電影類型。因此，1934 年的《體育皇后》實際上就是左翼精神和包括舊市民電影在內的市民電影體格的結合性作品，是左翼電影發展到 1934 年的新變化。

〔註 5〕　直到幾十年後，口腔衛生對於大陸民眾尤其是農村社會，依然是一個需要政府大力倡導普及的科學知識和健康生活方式。最形象的例證就是路遙的小說《人生》（1982），在村民眼裏，主人公高加林每天清晨刷牙都是件新鮮事兒——只有小知識分子（中學生）才能做出這等事體。

戊、多餘的話

子、對《體育皇后》所傳達出的知識分子審美情趣，我最欣賞的、同時我推測也是人們注意不多的一點，就是影片對體育常識和專業技術的表現，這主要指的是教練雲鵬對野丫頭林瓔練起跑姿勢以及訓練片斷。一般人只會關注運動場的熱鬧，所以影片特意插入了一些當時全國運動會的紀錄片鏡頭片斷。就我個人而言，感受到的是編導所體現出來的對專業技能的欣賞和尊重。這些說到底不屬於普通觀眾，只屬於知識分子。我一向認為，沒有體育的人生是不完美的人生。《體育皇后》中體現出來的知識分子審美情趣以及對這種情趣的宣揚和感染，是建立在自身對人生不可缺失體育的深刻感受基礎之上的：這個世界沒有好的作品和壞的作品之分，只有你喜歡和不喜歡的、能感知到的和不能感知到的。

丑、1934年的《體育皇后》，和1949年以後大陸的一部同樣是體育題材的《女籃五號》（謝晉導演，劉瓊、秦怡主演，上海天馬電影製片廠1957年攝製）有相似相通的地方。就人物關係的設置而言，兩者是一樣的：男方是老師兼教練，女方是他訓練的運動員，而且兩人在師生關係之上還有一層戀人關係。兩部時間間隔20多年的影片之間的相通之處，是因為它們有一種精神和情趣上的承接關係。我看這兩部電影，特別是《女籃五號》，總有一種特別親切的感覺。這種感覺與城市文化有關，與精神氣質上的認同有關，說到底，與知識分子的立場、角度和審美態度以及相關的價值判斷有關。

寅、《體育皇后》裏的外景，讓人看到當時作為大都市的上海，城市的生態環境真好，那些林蔭大道都是土質道路，兩旁樹影濃鬱。沒有林蔭大道的城市應該屬於人類不宜居住之地。《女籃五號》的外景地雖然未必都是上

海，但你依然可以感受到當年大都市的綠色氛圍和鄉村樸素氣息的融合。現在，你站在哪怕是一個小城市中四下張望，你會發現樹和鳥越來越少，光剩下能動和不能動的鋼鐵碉堡（汽車與建築物），以及那些永遠都急吼吼的人群了〔註6〕。

初稿時間：2007 年 4 月 13 日

初稿錄入：劉博

二稿校改：2007 年 8 月 6 日～9 日

三稿改定：2007 年 12 月 23 日

校訂配圖：2015 年 1 月 16 日～17 日

參考文獻：

〔1〕程季華，中國電影發展史·第一卷〔M〕，北京：中國電影出版社，1963。

〔2〕李少白，影史権略：電影歷史及理論續集〔M〕，北京：文化藝術出版社，2003：118。

〔3〕葛維櫻，珠海唐家故事〔J〕，三聯生活周刊，2007（31）：131。

〔註6〕本章作為第20章收入《黑白膠片的文化時態——1922～1936 年中國早期電影現存文本讀解》時，**注釋 4 被刪除**；除了**戊、多餘的話**外，本章曾以《對市民電影傳統模式的借用和新知識分子審美情趣的體現——從〈體育皇后〉讀解中國左翼電影在 1934 年的變化》為題，發表於 2008 年第 5 期《浙江傳媒學院學報》（杭州，雙月刊），**注釋 5 是增加的部分**（取自雜誌發表版）。特此申明。

Borrow Traditional Pattern from Citizen Film and Embody New Intellectual Aesthetic Taste: Queen of Sports Witnesses Changes of Chinese Left-wing Film in 1934

Abstract: Sun Yu is a representative of Chinese new generation directors in 1930s, whose film focuses on left-wing spirit — the strongest voice at that time, and embodies new aesthetic standard and characteristics when selecting actors. Therefore the film not only emphasizes left-wing features, but also borrows technique of expression from citizen films with new intellectual aesthetic taste, by which it constructs a new pattern — left-wing spirit and citizen film expression。

Key words: left-wing; offbeat; production guideline; traditional citizen film; aesthetic taste

第拾章　左翼精神強力貫穿下的製作模式硬化與知識分子視角的變更——《大路》(1934年)：變化中的左翼電影之二

閱讀指要：

　　《大路》中的茉莉和丁香，她們的身份、地位不過是做飯的女民工，可無論是她們的衣著、意識、做派、口吻，乃至於行為方式，尤其是兩個人擁抱偎依、袒露心胸那一組鏡頭，卻稱得上是驚世駭俗，就是今天的新潮女性也未必做得出來。在《大路》這樣的左翼電影中，無論是它的人物形象、情節線索還是它的性質，都是極力烘托、塑造工農大眾的正面形象，並且把他們視為極力謳歌的對象。與此相對應的，就是社會精英階層即知識分子的自我反省與主動退離。所以，到1934年，左翼電影的模式化已然成熟，或者說，其質地開始硬化。

關鍵詞：左翼電影；模式；知識分子；底層民眾；舊市民電影；

專業鏈接 1：《大路》（故事片，黑白，配音），聯華影業公司 1934 年出品。VCD
（雙碟），時長 105 分鐘。

>>> **編劇、導演**：孫瑜；**攝影**：裘逸葦。

>>> **主演**：金焰、陳燕燕、黎莉莉、張翼、鄭君里。

專業鏈接 2：原片片頭字幕及演職員表字幕（標點符號爲錄入者添加）

聯華影業公司出品。

上海第二廠攝製。

《大路》。

監製：羅明祐；製片主任：陸涵章；攝影：裘逸葦；布景：劉晉三；
作曲：聶耳；錄音：電通影片公司。

演員表：

金　哥——金　焰，

丁　香——陳燕燕，

茉　莉——黎莉莉，

張　羽——張　翼，

鄭　君——鄭君里，

羅　明——羅　朋，

韓小六子——韓蘭根，

章　大——章志直，

胡　天——尚冠武，

劉　長——劉　瓊，

丁老頭——劉繼群，

洪　金——洪警鈴。

編劇、導演——孫瑜。

專業鏈接 3：影片鏡頭統計

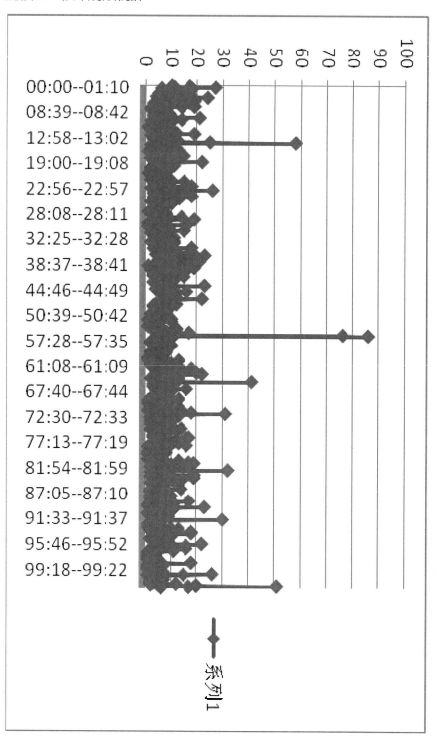

　　說明：《大路》全片時長 103 分 31 秒，共 849 個鏡頭。其中：

甲、小於和等於 5 秒的鏡頭 407 個，大於 5 秒、小於和等於 10 秒的鏡頭 297
　　個，大於 10 秒、小於和等於 15 秒的鏡頭 79 個，大於 15 秒、小於和等
　　於 20 秒的鏡頭 44 個，大於 20 秒、小於和等於 25 秒的鏡頭 12 個，大
　　於 25 秒、小於和等於 30 秒的鏡頭 4 個，大於 30 秒、小於和等於 35
　　秒的鏡頭 2 個，大於 35 秒、小於和等於 40 秒的鏡頭 0 個，大於 40 秒、
　　小於和等於 45 秒的鏡頭 1 個，大於 45 秒、小於和等於 50 秒的鏡頭 0
　　個，大於 50 秒、小於和等於 55 秒的鏡頭 1 個，大於 55 秒、小於和等
　　於 60 秒的鏡頭 1 個，大於 60 秒、小於和等於 65 秒的鏡頭 0 個，大於
　　65 秒、小於和等於 70 秒的鏡頭 0 個，大於 70 秒、小於和等於 75 秒的
　　鏡頭 0 個，大於 75 秒、小於和等於 80 秒的鏡頭 1 個，大於 80 秒、小
　　於和等於 85 秒的鏡頭 0 個，大於 85 秒、小於和等於 90 秒的鏡頭 1 個，
　　大於 90 秒、小於和等於 95 秒的鏡頭 0 個。

乙、字幕鏡頭 130 個，其中交代劇情的鏡頭 9 個，交代人物鏡頭 0 個，對
　　話鏡頭 121 個。

丙、固定鏡頭 639 個，運動鏡頭 80 個。

丁、遠景鏡頭 29 個，全景鏡頭 164 個，中景鏡頭 148 個，近景鏡頭 331 個，
　　特寫鏡頭 46 個。

　　　　　　　　　　　　　　　（數據統計與圖表製作：姜菲，核實：劉曉琳）

甲、前面的話

　　根據以往的劃分，1933 年被傳統電影史研究稱爲「左翼電影年」，光是
明星影片公司在這一年拍攝的「左翼的和在左翼影響下的影片」就有 22 部
之多 [1] P203。實際上，作爲一個新興的電影類型和流派，從 1933 年開始，大
部分國產影片都受到左翼電影的影響，都多少帶有左翼電影所共通的東西，

譬如對政治時局的指陳（緊張危殆的中日關係）、對國內各階級（富有階級和無產階級）矛盾對立的反映，還有所謂新思潮，哪怕一些僅僅是新的口號、新的社會現象、新的技術層面上的東西，都會在當時的電影中有所顯現。

更確切的事實是：左翼電影幾乎將當時中國電影界一流的新派的和老派的編劇、導演、明星（和因此成名的男女演員）們全部裹挾進來，陣容整齊、聲勢浩大；其根本原因在於：左翼電影已經成為當時的主流電影，代表著當時電影生產和發展的最新方向。問題是，進入1934年以後，左翼電影表現出新舊雜陳的現象：一方面，舊的市民電影模式在左翼電影中仍然俯首皆是，譬如它的故事框架、情節發展的設置；另一方面，作為左翼電影的出品中心──聯華影業公司，由於知識分子觀照角度的變更，在積極採用電影新技術（有聲技術）的同時，左翼電影在思想和藝術製作模式日趨固定和堅硬。在此不妨以《大路》為證再做探討。

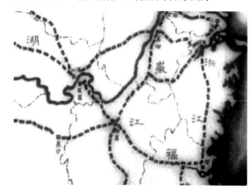 

乙、左翼電影：主題先行和左翼電影的兩種模式化處理方式

1933年月明公司出品的左翼電影《惡鄰》（無聲片），曾用黃華仁一家、東鄰黃矮子和西鄰白金濟來分別代表中國、日本和西方各國，影像化地圖解當時的政治格局，成為一個寓言性的、象徵性極強的抗日宣傳片。一年後的《大路》繼承了左翼電影的這一傳統特點，用一群民眾冒著敵寇的轟炸修築大路，影射日軍侵略中國的危急時局。作為當時的政治常識，當局不允許民眾公開談論「抗日」和「抵制日貨」，所以民間就以「救國」和「提倡國貨」相對應[2]。

因此，主題先行的抗日宣傳是《大路》的首要特徵，在此前提下，故事的展開、情節的設置，才具備價值和意義。換言之，如果沒有抗日這個主題，左翼電影的價值和意義就不能成立、至少是嚴重缺失；有了這個正確的、時代性主題，左翼電影無論故事編排得多麼淺顯直白，哪怕是漏洞百出，或有

許多不符合生活眞實的細節，編導都可以無所顧忌，觀眾都可以接受。因爲民眾關注的不是這個故事的嚴謹和藝術水準（這也是《大路》的一個突出特點）。就當時的歷史背景來說，左翼電影可以施展和利用空間實在是非常廣大，事實上獲得了廣泛的認可和廣闊的電影市場。在這個意義上說，中國的抗日電影應該從左翼電影時代算起。

　　中日兩國關係在 1930 年代一直在民間和政府兩個層面呈現緊張對立局面〔註1〕，這是有歷史淵源的。1894〜1895 年，日趨沒落的清政府和迅速崛起的日本正式展開陸海軍決戰，史稱甲午戰爭，結果以中國全面大敗、日本全勝而告終：中國被迫簽署屈辱的《馬關條約》，從此喪失對朝鮮的控制，將遼東半島、臺灣全島及所有附屬島嶼、澎湖列島割讓給日本，並賠款白銀兩億兩，……。1931 年，日本全面侵佔中國東北，第二次中日戰爭在即，這是中日雙方自上而下都明白的一個淺顯的道理、都面臨的一個殘酷的現實〔註2〕。

　　在這樣的大背景下，面對本國政府的明令禁止，如何在電影中處理和表現對日關係，也就成爲一個社會性的敏感話題。誰去處理這個敏感關係？誰

〔註 1〕　就民眾層面而言，大家知道中日對決是早晚的事情。1936 年，一位臺灣紳士在內地的兒子即將做父親，他囑咐兒子：假若生的是男孩，一定取名叫「戰」：「因爲中日必將一戰，也只有克敵制勝，才能收復故土，重建家園」〔4〕；幾十年後，這個叫連戰的人成爲臺灣的國民黨主席（2000〜2005 年）。

〔註 2〕　但當時的國民黨政府，在對內加緊鞏固獨裁體制的同時，對外一直主張能不戰就不戰、能講和就講和、能晚打就晚打的「攘外必先安內」政策。究竟做何解釋，現在研究者還在見仁見智，……。就當時的政府而言，不立即應戰是上策，中策就是晚一點開戰，下策就是及早開戰。而及早開戰的結局，當局和許多上層人士的認識是一致的，那就是亡國的時間會提前：因爲當時中日兩國的國力根本就不在一個水平線上。譬如就單純的軍事實力而言，甲午戰爭一役，已經暴露出中國正規軍職業能力和兵員素質的落後。1930 年代的中國，國民黨剛剛在名義上統一中國，內憂外患，捉襟見肘，顧此失彼，……。反觀日本，甲午之戰後，又在 1905 年大敗俄國，成爲亞洲第一軍事強國。因此，中日開戰後，只能打持久戰，積小勝爲大勝，以空間和時間換取勝利。

去承擔這個責任？是左翼。爲什麼左翼文學和左翼電影可以挺身而出？因爲，左翼就代表著激進的（民族主義）、暴力的（革命方式）、以及反抗（現行體制和內外強權政治）和前衛（與平庸保守的政府行爲爲敵）姿態，……。

所以，經歷了1931年的「九‧一八」事變、1932年的「一‧二八」事變之後，對日作戰是一個極爲敏感的社會性話題，這本是《大路》的主題，但又不能公開表現，只能隱性地傳達：譬如影片中明明有日本軍隊，但只能說敵國、敵人，同時號召「有良心的中國人都要起來，你們都要亡國了」。這種隱性存在，就是強調民眾、草根階層的力量。所以在《大路》這樣的左翼電影中，無論是它的人物形象、情節線索還是它的性質，都是極力烘托、塑造工農大眾的正面形象，並且把他們作爲極力謳歌的對象。與此相對應的，就是社會精英階層即知識分子的自我反省與主動退離。所以，到1934年，左翼電影的模式化已然成熟，或者說，其質地開始硬化──這首先表現在影片主人公社會身份的有意設置上。

在《大路》中，以金哥（金焰飾演）爲首的幾個正面人物，都不是知識階層出身，用現在的話說都是些失去土地的農民工，還包括瘪三和流氓，但是他們能夠非常深刻地認識到國家危難的形勢，像社會精英譬如知識分子那樣先知先覺並且勇於自我犧牲。這反映了以編導爲代表的知識階層對工農群眾力量的認可。這種認可是有一個條件的，就是反省自身，認識到自身的不足和工農大眾勇於犧牲、勇於奮鬥的現實。

實際上早在1932年，類似的例證已經在早期左翼電影中出現，譬如無聲片《野玫瑰》（聯華影業公司出品）中，知識分子出身的男主人公，最終能夠投身（抗日）救國的隊伍，居然是受到出身鄉村的農家女子的召喚。（從表面上看，他是受愛情的召喚，但是仔細看去，人們會發現是因爲女主人公裏挾在宣傳抗日救亡的隊伍中──這樣的處理在當時無疑具有先進性。）

其次，是對犧牲場面的處理，我稱之爲隱性處理，也就是左翼電影的迴避性處理模式已經成熟。在中國從此以後的抗日題材的電影中，人們會發現它對犧牲場面的處理往往是大而化之、忽略細節，或乾脆一帶而過，悲慘的場面常常沒有悲劇效應，很少能對觀眾的心靈有所衝擊，竟然使最具有藝術感染力的影像渲染效能降到最低，或淪爲狹隘的政治說教。譬如在《大路》中，修路的民工幾乎全部被炸死，但到結尾時，又用虛擬化的手法讓他們又都重新站立起來，繼續奮鬥[3]。對此，也有人稱之爲象徵手法[3]。

與此相關聯的，就是由文化隱諱所帶來的歷史描述上的和倫理認知上的缺失，譬如對性侵犯的迴避。眾所周知，侵略戰爭帶給人們的除了政治上、經濟上和男性肉身上的傷害之外，還包括對民族和文化整體上的差辱，對女性的侵犯和對女性本身的不人道掠奪。這樣的缺失同樣體現在對敵方、對侵略者的描述和表現上，我稱之爲遠距離的、自我蒙蔽的模式化處理：在中國抗日題材的電影中，侵略者及其兇殘只是一個抽象的、而且是模式化的、遠距離的存在。……當然，《大路》不能歸入這個指責範圍，因爲片中只出現敵人的飛機轟炸而沒有短兵相接的地面戰鬥和日軍的侵掠行爲，這與政府當局對當時電影製作和表現的限制有關，但，恐怕更與民族性及其文化傳統有關〔註3〕。

〔註 3〕 這種手法和處理模式，在 1949 年以後的中國大陸被稱爲革命的、樂觀的英雄主義，從而造成了大陸觀眾基本歷史判斷能力的永久性傷害：粗略地把 1949 年後大陸拍攝的抗戰電影看下來就會發現，所有的日本侵略軍都可以用松井中隊長或龜田小隊長全面代表，一直是極爲模糊的嘴臉，多少年來實際上這一塊是空白，……。所以，很多人看到《鬼子來了》（姜文導演，華藝影視娛樂有限公司、中國電影合作製片公司 2000 年出品）以後，不能夠接受主人公馬大三最終被鬼子砍頭的結局。應該說，導演姜文這樣的處理是有針對性的，也是有歷史眞實做依據的。

丙、左翼電影模式和市民電影模式在《大路》中的交織重疊

　　如果將「聯華」公司在1932年出品的《野玫瑰》的左翼色彩剝離並逐步還原下去，就會發現，它其實是一箇舊市民電影常見的老故事、舊架構：一個富家少爺瘋狂地愛上了一個貧苦的鄉下女子（當然是美女，所以稱之爲「野玫瑰」），最後有情人終成眷屬。這個故事就是在今天也了無新意，但《野玫瑰》能在當時引人注目、被視爲新電影，就在於左翼色彩隨處可見，譬如它的抗敵（日）鼓動性和宣傳性；影片最後，更是讓富家少爺毅然跳窗出走，加入遊行隊伍：這與其說是響應那個美女的召喚不如說是回應時代的召喚。

　　這種新舊雜陳的現象從左翼電影興起一直持續到包括《大路》在內的1934年間的作品。換言之，左翼電影是在對舊市民電影模式多有繼承的基礎上，在主題思想、表現手法、人物塑造等層面翻出新意。

　　左翼電影的主人公大多出身於社會最底層（農民、農民工），而且家庭非常不幸。要麼沒有爹，要麼沒有媽，要麼就父母雙亡。《野玫瑰》中女主人公小鳳，從小沒有娘，長大以後爹又被惡勢力逼跑了，留下她孤身一人；《大路》中的男主人公金哥也是農民，全家逃荒、逃難（暗指、映像九·一八事變），最後也是父母雙亡。對主人公家庭出身的如此安排是爲了符合主題先行的要求，以保證其政治上的正確和可靠。

 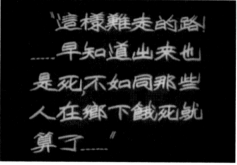

　　如前所述，這種觀念的來源與當時的知識分子（作家藝術家），對工農大眾的整體性認識的改變有著直接的關係：在舊文藝和舊市民電影中，占主要地位的、正面形象的知識分子出身的男女主人公（才子佳人）已經沒落，工農大眾成爲新電影──左翼電影謳歌和表現的對象。因此，如果僅僅是安排男女主人公出身於悲慘的家庭，（這是舊市民電影經常願意安排的模式），再往前推進演變的話，就會成爲苦情戲。如果僅僅到了苦情戲，那它還是舊電影，不是新電影。左翼電影就是要在主人公的成長過程當中，賦予其新的面

目並由此獲得新生。《野玫瑰》和《大路》主人公都試圖證明一個眞理：革命的和抗日的主體和力量只能是來自民間、底層。

　　而在對男女主人公愛情線索的安排和處理上，舊市民電影和左翼電影本質上其實沒有什麼區別。所以《野玫瑰》中，城裏開汽車的少爺喜歡貧窮的鄉下美女，在《大路》中，修路的民工哥哥喜歡做飯的茉莉美眉（黎莉莉扮演）。那麼左翼電影或者說《大路》的新意何在？就在於他們的情感發展不拘泥於雙方的個人情感，而是給它加入社會背景和時代精神等更爲敏銳的即時信息〔註4〕。這就是國家處於生死存亡的時候，主人公不會僅僅滿足於個人的安定生活和幸福的追求，還要追求國家、民族、集體的幸福，對時代的呼喚有共同的呼應，並且爲此做出犧牲，《大路》中的男女雙方就是如此。就情節發展而言，舊市民電影以情節爲本體，成直線型發展的，很少或者說幾乎沒有考慮也不可能展開向時代內涵和人性自身兩方面的縱深挖掘。

　　在1920年代，國產電影僅僅是市民階層的低端文化消費，消遣性的電子影像玩意兒而已，和在大街上一邊吃著煎餅果子一邊看著耍猴把戲的觀賞沒有本質的區別，它幾乎沒有進入知識分子或社會中上層人士的文化視野，因此，在那時，投身電影創作的知識分子、尤其是有留學背景的人數不多（他們中的大多數和絕大部分高端人才更願意投身學術研究、高等教育和新文藝創作），而且觀眾中幾乎沒有青年學生。

〔註4〕不是認識以後好了，好了以後就結婚了，從此過上了幸福的生活。而是添加了時代性和歷史使命感，當然這種反映在今天看來，就是模式化的和概念化的。就中國現代文學史而言，左翼文學最讓人詬病的一點，就是革命加戀愛。一方面愛情不可或缺，只不過主人公換做青年男女學生。但是僅僅有愛情還是不夠的，還必須革命，革命就是包括暴力在內的、極其激進的、反抗現行制度的、打破世俗的或者說是驚世駭俗的東西在裏邊，最好是有槍聲、有血、有激烈的生死搏鬥。譬如左翼作家蔣光慈1928年發表的小說《短褲黨》。

　　但進入 1930 年代後，大批包括具有專業留學背景的知識分子進入電影編導領域，譬如左翼電影的代表人物田漢、夏衍、洪深等人，他們同時又是新文學的優秀作家、戲劇家和詩人；另一方面，電影的觀眾群體已經擴展到社會中上階層，尤其是當時的青年學生，不看電影、不被新電影－左翼電影吸引和感召是不可想像的。

　　因此，在左翼電影中，情節的發展從本質上被改變，不再是爲了情節的發展而發展，而是明確地爲主題服務，即它的藝術性完全服從於思想性的指導。這其中的利弊是顯而易見的，但凡一種模式下所生產的東西，必然有許多先天性的缺陷。譬如強調爲主題服務，就會出現爲了主題的發展和開掘而不顧及現實生活的眞實和制約，也不顧及藝術創作上的缺陷。就像《大路》中結局表現的那樣：敵人用飛機轟炸和襲擊修路軍民，但軍民用步槍就把飛機打下來了，因爲勝利必然站在正義的一方。

丁、知識分子的觀照視角的變化和新電影元素的應用

　　左翼電影的新穎之處，還在於它確立了新形象在銀幕上的地位。這個新形象指的主要是新的群體形象即工農形象，這在舊市民電影中是不可想像的。1920 年代的舊電影中的工農大眾，尤其是下層民眾永遠處在被取笑被嘲諷的地位，譬如《二百五白相城隍廟》（亞細亞影戲公司 1913 年出品），或者乾脆就是《飯桶》（中國影戲製造公司 1921 年出品）等。但是進入 1930 年代，左翼電影中的工農大眾成爲正面的和被歌頌、肯定的形象。譬如《野玫瑰》如果要拍成舊電影，完全可以拍成一部情色電影，但實際上，「野玫瑰」投身抗戰宣傳的光輝形象不僅鼓舞著影片中的富家少爺，更鼓舞和強化著觀眾的反日抗敵情緒。

在《大路》中，以金哥爲首的築路民工，不乏小癟三、好色之徒和頭腦簡單四肢發達的角色，在舊電影中完全就是被取樂的對象。但是在左翼電影中，除了啓用他們身上的娛樂元素之外，更著重體現他們的正義性和代表性：他們六個人所形成的小團體最終在軍隊的掩護下，帶領民眾把路修成了，保衛了國家，打退了敵人，雖死猶生。

爲什麼在進入 1930 年代後，電影中的工農大眾或底層民眾一反以前被嘲弄、諷刺的形象，而被置於一個被歌頌的主體地位？這主要是與知識分子的認識和時局的發展有關。

在 1919 年「五·四」運動時期，知識分子已經認識到，無論是社會的發展，還是文學的發展，有一個根本性的問題必須解決，就是人的問題。就是要使得社會成員不分階級獲得人的尊嚴。最初，知識分子是以啓蒙者的姿態來提出和形象地展示這個問題。以魯迅爲代表的第一代現代作家筆下的底層人物譬如農民，都是被人同情的弱勢群體代表，例如祥林嫂、阿 Q、孔乙己。也就是說，試圖恢復他們作爲人的本來面目，這在當時已是難能可貴，因爲作爲啓蒙者的知識分子自身也才意識到或者也才獲得作爲人的資格不久。

隨著五·四時期新文學浪潮的過去，知識分子對這一問題的思考更深一步。他們發現，在作爲被啓蒙的底層民眾身上，不僅僅具有被同情的、批判和分析的價值，譬如阿 Q，他們還具有能夠推動社會向前發展的力量，而這種力量卻是知識分子階層所欠缺的。這種認識的變化源於時局的變化。

進入 1930 年代以後，以共產主義爲代表的左翼思潮在世界範圍內獲得了很大的反響和部分成功，在俄國建立了無產階級新政權，這使人們意識到，一個新型國家政權的建立，可能有賴於一直被人同情的下層民眾的參與，從而和以往的資本主義社會體制有根本的不同。這種認識首先體現在左翼文學作品中，工農群體和形象得到空前的提升和大力頌揚。但是中國知識分子的

這種認識，就 1930 年代而言，仍然處於一個初級階段〔註 5〕。在舊市民電影中，還只是簡單的批判「為富不仁」。

而在左翼電影中，以往被羨慕的上流社會、上等人士、有產階級（城市中的大小資產階級和農村社會裏的地主階級），基本淪為被批判和被否定的對象，甚至成為一種罪惡的、不革命的、反動的一個象徵，簡單地說就是「有錢的都是壞人，沒錢的都是好人」〔註 6〕──它的高級階段是在 1940 年代初期，在發源於共產黨解放區的政治話語和文化闡釋體系中，有產階級已經成為反動的、必欲鏟之而後快的階級、革命尤其是暴力革命的對象。

因此，體現在具體的人物形象的描繪上就可以看到，在左翼電影中，與有產階級決裂和對立的新青年成為主要的描繪和歌頌對象。有的新青年雖然出身於有產階級，但是由於能夠接受新思想的影響，有新的認識，例如《野玫瑰》中的男主人公江波；更多的是《大路》中的金哥這樣的人物，從小就是一個孤兒，沒上過學也沒什麼文化，但是他的階級出身決定了他不僅善於團結民眾，還能把修路跟國家利益、民族興亡聯繫在一起，同時也獲得同樣是新女性的強烈認可和愛情。

〔註 5〕真正對它的全面認識是在 1937 年，中國全面抗日戰爭爆發後，知識分子最終認識到，中國命運的改變恰恰是要依靠這些一直被輕視的階層──工農大眾。因為抗戰以後，做出巨大犧牲的正是這些底層普通民眾。這一點在共產黨統治的解放區被認識得最早，毛澤東最早總結了這一點，因此在 1940 年代解放區的文藝作品當中，工農大眾成為絕對被歌頌的對象和正面人物。而僅僅幾年以後，1949 年共產黨大陸新政權的建立，這樣的認識和歌頌就成為新中國一切文藝作品的主旋律直到今天。（當然，進入九十年代以後，底層民眾又重新成為知識分子和藝術家所同情的對象，大陸第六代導演的諸多作品就是例證）。

〔註 6〕從常理和正常狀態上說，對為富不仁的批判恰恰說明富與仁之間有個簡單和直接的對應關係。這不是富人（有產階級）天生的道德戒律，而是社會共同的道德約束和倫理述求的共同合成。

在左翼電影中，凡是被正面描述的女性人物毫無例外的都是新女性形象，現在公眾能看到的、現存 1934 年的左翼電影，《體育皇后》、《新女性》、《漁光曲》、《神女》和《桃李劫》都是例證。可能這些女子的出身是社會底層，但是她的做派卻是現代女性才具有的。譬如《大路》中的茉莉和丁香（陳燕燕飾演），她們的身份、地位不過是做飯的女民工，可無論是她們的衣著、意識、做派、口吻，乃至於行為方式，尤其是兩個人擁抱偎依袒露心胸那一組鏡頭，稱得上是驚世駭俗。就是今天的新潮女性也未必做得出來（很有女同性戀先驅的嫌疑）。

這樣的女性形象看似矛盾，其實很正常。像胡蝶、阮玲玉這樣的非左翼人士的大牌明星都去主演左翼電影，這就說明大眾的認可。對觀眾來說，不管你是做飯的女工，還是知識女性，要看的就是現代女性身上所有的東西，而且還都要表現到極致。所以丁香和茉莉為了救金哥，不惜犧牲色相、以身相救。按說這是知識女性或新女性所做不出來的，但是由於舊市民電影審美趣味多年來的慣性，已經成為製作方和觀眾的共識，演員演繹得異常投入，導演拍得也是情緒飽滿。

戊、結語

《大路》1934 年 7 月 10 日開始拍攝，1935 年元旦首映[1] P342。影片所體現的新電影元素，指的是有聲技術的應用。《大路》能夠流傳影響至今，一個重要的原因是它配的插曲。就此而言，這也是 1930 年代新電影和 1920 年代舊市民電影的明顯區分。1931 年，有聲片（片上發音的配音片）開始在中國國產影片中出現，對此電影界出現過爭論，就是無聲片還要不要存在；有人認為有聲片的出現是對藝術的一個傷害，是電影發展的一個倒退[1] P158~167。

這樣的看法不能從現今的角度簡單地斥之為淺薄。因為要考慮到電影出現以後，舊市民電影多年來對觀眾欣賞習慣的培養。觀眾已經習慣看著影像

讀字幕，同時滿耳充斥著叫賣瓜子煙酒茶水冰糖葫蘆的噪音，同時還得聊著天兒談心。這種場合突然改爲讀字幕和聽歌曲同步進行，還不是一時能夠接受。所以有聲片出現後，無聲片的偉大作品譬如《神女》（導演吳永剛，聯華影業公司1934年出品）依然不受影響地出現。

　　左翼電影對新技術手段的及時吸收應用，這跟群體尤其是天才的努力是分不開的。有聲片的出現必然要有人作曲填詞、負責解決聲音的錄放技術問題。偉大的作曲家聶耳、詩人田漢、安娥夫婦和電通影片公司應運而生。作爲聯華影業公司的後起之秀，聶耳譜曲的《大路歌》和《開路先鋒》轟動一時。現在來看是非常小兒科的事情，但是在當時是很叫座的——不要忘記，左翼電影同樣注重市場——思想市場和經濟市場。左翼電影何以成爲主流？就是因爲它賣座，能夠最大程度地覆蓋市場，所以大公司爭相聘請左翼人士編劇，小公司一窩蜂地跟風拍攝左翼電影。1934年，左翼電影還能大行其道，因爲觀眾還沒有離開這個市場。

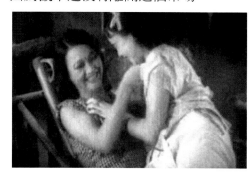 

己、多餘的話

　　子、在《大路》中，除了具有先鋒意味的電影插曲，舊市民電影常常不可或缺的滑稽人物和噱頭式表演也是影片的看點，有時就是全盤照搬。譬如

瘦子韓蘭根和胖子章志直，可以視爲左翼電影和「聯華」公司的票房法寶之一，其地位在當時是絕不亞於黎莉莉、陳燕燕之類的新老明星。有人會疑惑，左翼電影爲什麼會弄出這麼低級的東西？這與其說和舊市民電影傳統有關，不如說與電影的娛樂屬性有關。再高級的人也需要有低級的東西來刺激和鬆弛。

丑、《大路歌》的主題歌旋律自有動人的魔力，激昂中充滿無以言傳的憂鬱，既像勞作中沉重的歎息，又像中國民族和歷史不堪重負的抒發。它至今常常引起我莫名的哀愁：在我天眞成長的1960－1970年代，城市街道都安裝著一天到晚廣播的大高音喇叭。那是普通民眾的所謂音樂啓蒙和政治教育都是從那裡得到的：早晨的開始曲放《東方紅》，夜晚結束曲是《國際歌》，奇怪的是，陽光燦爛的中午經常播放這些1930年代的左翼電影插歌曲，譬如《新女性》（「新的女性，在鬥爭中茁壯成長」）和《大路歌》（「我們走在大路上，意氣風發鬥志昂揚……」）；當時大家基本上是穿得很破，吃得很差，但精神上一直弄得很亢奮……〔註7〕。

初稿時間：2005年3月11日

初稿錄入：呂月華

二稿校改：2007年8月10日～26日

三稿改定：2007年12月24日

校訂配圖：2015年1月18日～19日

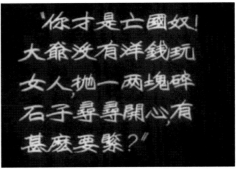

〔註7〕本章作爲第21章收入《黑白膠片的文化時態——1922～1936年中國早期電影現存文本讀解》之前，除了己、多餘的話外，其主體部分曾以《左翼電影製作模式的硬化與知識分子視角的變更——從聯華影業公司出品的〈大路〉看1934年左翼電影的變化》爲題，發表於2008年第2期《蘇州科技學院學報》（季刊）；閱讀指要是成書版和雜誌發表版內容摘要的合成。特此申明。

參考文獻：

〔1〕程季華，中國電影發展史：第1卷〔M〕，北京：中國電影出版社，963。

〔2〕胡西園，追憶商海往事前塵：中國電光源之父胡西園自述〔M〕，北京：中國文史出版社，2006//北京：作家文摘〔N〕，2007-3-23（16）。

〔3〕酈蘇元，胡菊彬，中國無聲電影史〔M〕，北京：中國電影出版社，1996：376～377。

〔4〕連方瑀，半世紀的相逢：兩岸和平之旅〔M〕，北京：人民文學出版社，2005//北京：北京青年報〔N〕，2005-11-11（B7）。

Stereotyping of Left-wing Film Production and Changes of Intellectual Perspective: Finding Changes of 1934 Left-wing Films from The Highway by Lian Hua Film Company

Abstract: In the left-wing film *The Highway*, not only characters but also plots and style try to set off and establish positive images of workers and farmers, moreover the film makes them to be mainly eulogized figures. By contrast, social elite class — intellectual — introspect themselves and disappear from the stage. Therefore, 1934 witnessed a mature stereotype of left-wing films, or we can say the texture of left-wing films stiffened。

Key words: left-wing film; stereotype; intellectual; people at the bottom; traditional citizen film

第拾壹章　左翼理念與舊市民電影結構性元素的新舊組合——《新女性》(1934年)：變化中的左翼電影之三

閱讀指要：

　　在今天來看《新女性》，最讓人觸目驚心的是女主人公韋明送女兒住院，因為錢不夠而被迫離開的那兩組鏡頭：滿當當一架架藥品、空蕩蕩一張張病床。對比懷中瀕臨死亡的、可愛的小女孩，影片生成和傳達的是極具鼓動性的視覺震撼和心理暴力。在現存的 1934 年電影文本中，《新女性》的意義和價值，證明了左翼電影在 1934 年依然保持強盛的製作勢頭和市場需求；同時，《新女性》中及時吸收引進新興的電影有聲技術、融入當時興盛蓬勃的大眾文藝的通俗元素（譬如大量流行歌曲的穿插使用）的做法則表明，左翼電影處於變化之中：在技術手段上向新市民電影靠攏，在表現手法上，向舊市民電影回歸。

關鍵詞：左翼電影；配音片；插曲；對白；元素；

專業鏈接 1：《新女性》（故事片，黑白，配音），聯華影業公司 1934 年出品。
　　　　　　VCD（雙碟），時長 105 分鐘。
　　　〉〉〉**編劇、導演**：蔡楚生；**攝影**：周達明。
　　　〉〉〉**主演**：阮玲玉、鄭君里、湯天繡、王乃東、顧夢鶴。

專業鏈接 2：原片片頭字幕及演職員表字幕（標點符號爲錄入者添加）

聯華影業公司出品。《新女性》。聯華上海第二廠攝製。

製片主任：陸潔；作劇、作歌：孫師毅；攝影：周達明；布景：劉晉三；

劇務：孟君謀；作曲、音響：聶耳；錄音：司徒慧敏、周駿；領銜主演：

阮玲玉。

演員表（以出場先後爲序）：

韋　明——阮玲玉，		王太太——王默秋，	
余海儔——鄭君里，		李阿英——殷　虛，	
鄰　嫗——方憐影，		嫗　女——周倩雲，	
王博士——王乃東，		出版家——裘逸葦，	
「樂育」校長——吳茵，		齊爲德——顧夢鶴，	
舞場經理——洪警鈴，		韋明姊——湯天繡，	
韋小鴻——陳素娟，		韋明夫——龍凌，	
戴鴨舌帽者——費柏青，		醫生（甲）——劉瓊，	
醫生（乙）——尚冠武，		舞　女——貂斑華，	
徐太太——黃筠貞，		女看護——盧　梅。	

導演：蔡楚生。

專業鏈接 3：影片鏡頭統計

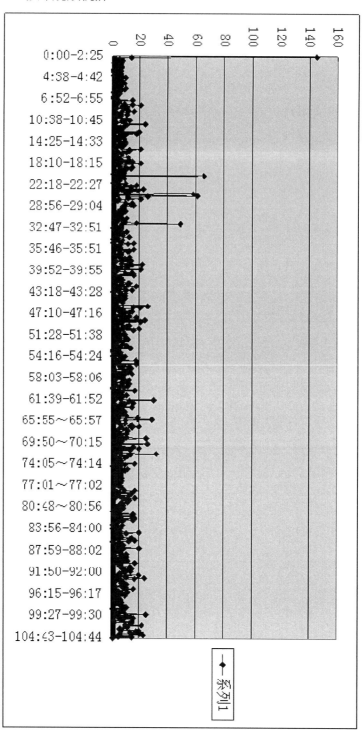

說明：《新女性》時長約 105 分鐘，共 757 個鏡頭。其中：

甲、小於和等於 5 秒的鏡頭 298 個，大於 5 秒、小於或等於 10 秒的鏡頭 280，大於 10 秒、小於或等於 15 秒的鏡頭 110 個，大於 15 秒、小於或等於 20 秒的鏡頭 41 個，大於 20 秒、小於或等於 25 秒的鏡頭 17 個，大於 25 秒、小於或等於 30 秒的鏡頭 5 個，大於 30 秒小於 35 秒的鏡頭 1 個，大於 35 秒、小於 40 秒的鏡頭 0 個，大於 40 秒、小於和等於 45 秒的鏡頭 0 個，大於 45 秒、小於和等於 50 秒的鏡頭 1 個，大於 50 秒、小於和等於 55 秒的鏡頭 0 個，大於 55 秒、小於和等於 60 秒的鏡頭 1 個，大於 60 秒、小於和等於 65 秒的鏡頭 1 個，大於 65 秒、小於和等於 70 秒的鏡頭 1 個，大於 75 秒、小於和等於 80 秒的鏡頭 0 個，大於 80 秒、小於和等於 140 秒的鏡頭 0 個，大於 140 秒、小於和等於 145 秒的鏡頭 1 個。

乙、片頭鏡頭 1 個，片尾鏡頭 1 個；字幕鏡頭 151 個。

丙、固定鏡頭 521 個，運動鏡頭 83 個。

丁、大遠景鏡頭 1 個，遠景鏡頭 6 個，全景鏡頭 108 個，中景鏡頭 188 個，近景鏡頭 205 個，特寫鏡頭 76 個。

（數據統計與圖表製作：劉慧姣；核實：李泉雄）

專業鏈結 4：影片觀賞推薦指數：★☆☆☆☆

甲、前面的話

聯華影業公司在 1934 年出品的配音片《新女性》，其故事情節大體取材於當時自殺的女電影演員艾霞的一生 [1] P338。影片在當年春節（2 月 3 日）公映，加上名導演蔡楚生、名影星阮玲玉的賣點宣傳，「使該片還未上映就頗受矚目」 〔註1〕。《新女性》在傳統的電影史中一直被認為是左翼電影 [1] P334，而對當下

〔註1〕而由於影片批判了當時上海新聞界的不良習氣、影射了小報記者的惡劣行為，即時引發新聞界的強烈反彈，「聯華」公司老闆羅明祐，「迫於上海新聞記者公會的壓力，在廣大公司職工事前並不知曉的情況下，最終向新聞界發表了道歉書」，雙方的交涉於 2 月 25 日才宣告結束 [6]。

社會、尤其是對強勢階層的批判、否定和對弱勢群體的同情與道義救助，顯然也一直是1930年代初期興起的左翼電影的主要特徵。因此《新女性》上映後，立刻遭到政府當局的打壓。譬如，上海電影檢查處以宣揚階級鬥爭為由，禁止播出影片插曲之一的《黃浦江之歌》（即《黃浦江歌》——引者注），並剪去部分情節；北平方面則以該片有「提倡自殺」之嫌而禁止該片放映[2]。

　　以新聞事件作為影片的故事原型，一方面繼續體現著左翼電影當下性和紀實性的特點，另一方面也繼續暴露著左翼電影的理念大於形象、批判強於藝術的缺憾。實際上，在現存的1934年電影文本中，《新女性》並不具備太多的可觀賞性，《新女性》的意義和價值，證明了左翼電影在1934年依然保持強盛的製作勢頭和市場需求；同時，《新女性》中及時吸收引進新興的電影有聲技術、融入當時興盛蓬勃的大眾文藝的通俗元素（譬如大量流行歌曲的穿插使用）的做法則表明，左翼電影處於變化之中：在技術手段上向新市民電影靠攏，在表現手法上，向舊市民電影回歸。

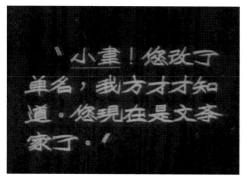

乙、《新女性》中所體現出來的「新」

　　《新女性》中的「新」，首先是對新技術和新流行元素的使用和加入。到了1934年，有聲電影已經在中國實現全面國產。但作為配音片，《新女性》並不是今天意義上的有聲電影，不具備現今有聲電影的聲畫視聽效果和技術含量，它可以被看作是有聲電影的初級形態。所謂配音片就是在默片的基礎上另外把聲音錄進去，雖然比蠟盤發音效果好了許多，但聲音和畫面的同步性、協調性依然是個問題，有時候完全可以把它當作無聲片來看〔註2〕。然而，

〔註2〕譬如明星影片公司1933年出品的《春蠶》，對白還是依賴字幕，只是為了強調電影的「有聲」（聲音）賣點而使用配樂，結果音樂和畫面完全沒有關係——例如在表現蠶寶寶吃蠶和蠶農生活的畫面時配的是《土耳其進行曲》——而且整個片子基本上全是西洋音樂貫穿始終。

就無聲電影和有聲電影這個大的技術階段和市場分類而言，「配音片」或曰「有聲片」卻又是當時電影市場的一個重要賣點。

《新女性》加入的新流行元素，指的是由左翼人士創作的、左翼色彩極為鮮明的電影插曲組歌，有 6 首之多〔註3〕；其中一段插曲《黃浦江歌》，採用的就是當時非常時髦的黃色小調《桃花江》的曲調，只不過填了新詞而已，當然，這首插曲在放映之前被政府電影檢查機關剪掉了 [1] P340。

同樣是「聯華」公司當年出品的配音片，《新女性》和《漁光曲》不同，不光配上了插曲，而且配上了對白（字幕與聲音同步）。但最初我對此表示懷疑。作為同一年出品的影片，不應該有如此明顯的技術差異。果然，有資料顯示：「該片有插曲而無對白，可以看作是中國電影從無聲向有聲過渡時期的一頁生動記錄」[3]。

最大的可疑之處是對白所使用的語言——現在人們能看到的、最早的 1930 年代的有聲電影，是明星影片公司 1933 年出品的《姊妹花》，而就現在聲畫同步的技術指標而言，《姊妹花》已經是完全意義上的有聲片，而且對白都是以南京官話和上海普通話為基調的「國語」，即「南京官話」——這種情形一直持續到 1949 年〔註4〕。

也就是說，當時的電影對白，南方腔調特別濃鬱，這是一個很普遍的現

〔註3〕這 6 首歌曲據說是《回聲歌》、《天天歌》、《一天 12 點鐘》、《四不歌》、《奴隸的起來》和《新的女性》[7]。現在的 VCD 版本中，聲音破碎模糊，只有《新的女性》還能依稀可辨聽出個大概——作為經典左翼歌曲，它在 1970 年代的大陸曾大唱特唱。

〔註4〕《姊妹花》的主演胡蝶的國語在今天也堪稱標準，這是因為她自幼跟隨外祖母生活，而這位老太太是地道的北平旗人出身 [5] P63。1949 年之後，中國大陸電影對白所使用的語言基本上被東北風味和以北京語音為基調的普通話先後替代，直到今天。

象。但《新女性》中的對白，你聽著會覺得特別得熟悉，像1970年代末、1980年代初期，上海電影譯製片廠給一批外國電影配音的效果。現在配以《新女性》的畫面，總覺得哪裏不協調，應該不是當時的配音，而且配音將原有的字幕在很多地方做了簡約化處理，極有可能是出品商從膠片轉錄爲VCD時做的手腳〔註5〕。

其次，作爲左翼電影，新思想、新觀念的傳播是《新女性》的傳統強項。譬如，影片用「不倒的女性」（即不倒翁一類的玩具）這樣的小孩玩偶強化女性獨立、男女平等、自由思想等時代精神氣質。這與其是《新女性》中的「新」，不如說是1930年代左翼電影的「新」。新的熱點、社會新事物、新的文化元素乃至新的口號，都被編導有意識地整合進電影，並被加強放大。譬如編導給了女主人公韋明（阮玲玉飾演）一個女作家的身份，而女作家在1930年代無疑是最時髦、最新潮的一種職業和人群類別。

當時的觀衆都能明白韋明指的是剛剛自殺的女電影演員艾霞，而且也將其與明星阮玲玉的私生活聯繫起來；對後來的觀衆，更會聯想到當時上海灘上最出名的、最受爭議的女作家之一譬如丁玲這類人物形象。丁玲（1904～1986）在當時的出佻，除了她激進的、鋒芒畢露的小說如《莎菲女士的日記》（1928年）和《一九三〇年春上海》（1930年）之外，她的獨立女性姿態和大膽狂放的個人生活形象的藝術化描述，也是給她帶來巨大名聲的一個重要原

〔註5〕 我推測，這也有可能是在1949年以後，由上海電影譯製片廠這樣的國營電影製作機構給它另外配的音。相關證據之一是，1949年以後大陸公衆看到的《八千里路雲和月》和《一江春水向東流》（均爲國泰影業公司1947年出品），就是1956年的重新剪輯版。進一步查詢資料，果然如此。有愛好者指出，這正是「老上譯」（上海電影譯製片廠）的傑作之一：「其中阮玲玉飾演的角色韋明由林彬老師配音，其他配音演員還有蘇秀、趙愼之、畢克、邱岳峰、劉廣寧等，聽聲音當是上譯五、六十年代的作品」〔8〕。

因：1934 年 12 月 1 日，上海著名的《良友》畫報舉辦了一次標準女性的評選，30 歲的丁玲在當選的 10 位女性中排名第一[4]。

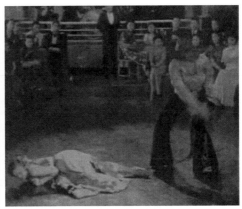

與此相對應的，是《新女性》在政治上、經濟上、道德上，對資產階級及其階級屬性、階級成員、對金錢意識的批判和否定。不能不承認，這是 1930 年代左翼電影最有市場賣點的新鮮之處。在《新女性》中，其標靶人物就是留學歸國人員（「海歸」）、某銀行總秘書（「獨立董事」）王博士，此人行為猥瑣、道德敗壞（嫖娼、大搞卑劣的婚外戀）。注意，同是在 1934 年，同是導演蔡楚生，他在《漁光曲》中對資產階級知識分子何子英還網開一面，給予肯定和頌揚。

但在《新女性》中，王博士之流的資產階級知識分子已經變成反面人物。譬如影片中，韋明的孩子生了病要住院，但是錢不夠，不能住院（特意給了醫院一個鏡頭，這個醫院叫做「博愛醫院」），韋明為了籌措那 120 塊錢住院費只能典當首飾衣物，可王博士的太太撒嬌要買汽車，王博士就給了她兩千兩銀子；為了得到韋明，王博士更願以 3200 元的鑽戒引誘脅迫〔註6〕。

除了批判和否定，左翼電影的共通特徵之一就是對新勢力的有意刻畫和著力強調。新勢力指的是正在崛起的無產階級—革命階級—先進階級，具體在《新女性》中就是工人階級，譬如影片中女工聚集的工人夜校和工人群體活動。1930 年代，隨著中國東南沿海城市化的發展和繁榮，工人階級在社會階層中所佔的比重迅速增大——他們在社會和政治格局中的地位，是左翼電影一直刻意強調和大力肯定的。

〔註 6〕 這兩種不同的貨幣稱謂和單位，是個很奇怪的現象。但在當時，銀本位的地位還很鞏固。

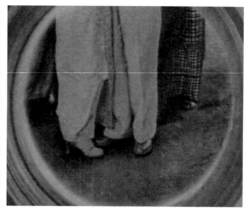

丙、《新女性》所攜帶的「舊」元素及左翼電影轉變的簡單描述

　　仔細分析《新女性》就會發現，這個影片就像人們對它的對白的感受那樣「似曾相識」，這就是《新女性》中的舊的東西、舊的特徵、舊的性質，它們都屬於舊市民電影慣用的手法和特徵，譬如對於情色的強調和有意識的表現。這其實也是1930年代中國電影的一個傳統特色，在時代精神和市場經濟的強力規範下，從舊市民電影廢墟中成長起來的左翼電影和新市民電影，其實一直都在挖掘這類遺產並選擇繼承。

　　這不是什麼缺陷，只是在歷來的電影研究中一直被人為迴避。例如《新女性》中，王博士和韋明坐進汽車，鏡頭以特寫鏡頭展示韋明的一雙美腿；在表現外國列強／資產階級對女性的欺壓的時候，一段女主角的豔舞之後，影片特意安排一個男人揮鞭痛打女子的「男女勁舞」〔註7〕。

　　《新女性》其實沒有什麼嚴密的故事情節和框架，主要的推動是放在男女兩性和在色情場所展示的線索上──但是就是這個線索也顯得比較模糊。譬如韋明和王博士（包括那個小報記者），實際上就是一個引誘與被引誘的關係，但處理起來充斥著說教和宣傳，人物性格和敘事邏輯混亂。韋明和書局編輯余海儔的關係也顯得比較曖昧。其實編導是有意識的要在金錢和男性壓迫的角度下，刻意凸現新女性的心理危機和道德壓力，但最終的結果是時髦口號的圖解，從而導致意識形態的錯位。

〔註7〕類似的場景，在同樣是左翼電影的《風雲兒女》（電通影片公司 1935 出品）中也有表現。今天看起來總覺得哪裏怪怪的，像 SM。這其實就是舊市民電影一直飽受詬病的的慣用手法。當然，這些東西本身並不具備對與錯、好與壞的先天特性。

影片給韋明安排了一個以賣身來解決經濟危機的辦法，這是否可行並不重要（與主人公的作家身份而言，情節的銜接上比較生硬），但是影片卻試圖把它處理成一個高潮，這恰恰是市民電影、尤其是舊市民電影，對敏感社會現象和弱勢人物生存本能的體現和把握；更何況，舊市民電影最擅長的就是道德衝突之際的道德說教。

韋明先前在外地和丈夫自由戀愛，但是丈夫最終扔下她和女兒另尋新歡；女兒來到上海後又生了要命的肺炎，為了救女兒的命，作為母親，韋明不得不做出常人難以做出的犧牲。看到這裡你會發現，這種孤兒寡母的人物關係構成，又是典型的舊市民電影的手法——用男女情感糾葛和家庭、婚姻、倫理編織起來的「苦情戲」。本來，韋明想向書局預支稿費，但被拒絕，於是通過鴇母給她安排了一個「一夜情」的客人，而客人恰恰是被她拒絕的王博士；緊接著她的書開始出版，熱賣之時，王博士把她的風流底細透露給小報，最終，韋明在垂死掙扎中高呼「我要活」……。

這樣的矛盾的設置就是「無巧不成書」的舊市民電影的老方法、老手段。這還不夠，《新女性》還要見縫插針地安排一段打鬥（拳腳功夫戲），讓「革命女工」李阿英把王博士打得落花流水，這讓人們想起了同樣是左翼電影性質的《火山情血》（無聲片，聯華，1932）和《惡鄰》（無聲片，月明，1933）。它們都照本宣科地使用了舊市民電影的這種結構性元素。

《新女性》自身「新」與「舊」錯雜的構建模式，看上去很矛盾，但是其實又十分自然。

在我看來，《新女性》其實體現出 1934 年左翼電影的變化：相對於標準的、模式化的早期左翼電影，譬如《天明》、《母性之光》、《小玩意》（均為聯華影業公司 1933 年出品的無聲片）和《春蠶》，《新女性》這樣的左翼電影和當時

的新市民電影一樣，看重和引進的是對新的電影技術手段、表現方式，即有聲技術的應用和流行音樂和插曲（通俗文化元素）的大量使用——同年的《漁光曲》就是如此；在此需要提及的是，1930年代初期的舊市民電影，就是在融入和吸收了左翼電影新理念和表現特點的基礎上，演進成為新市民電影的——譬如明星影片公司出品的《姊妹花》（1933）和《女兒經》（1934）就是如此。

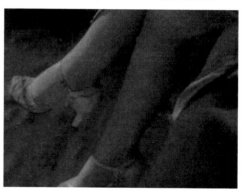

扮演韋明的姐姐的湯天繡，本是1920年代舊市民電影時代的著名影星，她在片中給人以洗盡鉛華、樸素到位的良好感覺；醫生（甲）的扮演者是劉瓊（1913～2002），作為1930年代後期（直至大陸1950和1960年代前期）的知名演員，此時他雖然只是個小角色，但其氣質和魅力已經初露端倪——從兩個角色的扮演者那裡，可以清晰地看出《新女性》的「新」與「舊」的組合痕迹，也就是舊市民電影和左翼電影兩個時代的過渡。

另一方面，左翼電影強調理念的傳達，而相對忽視人物形象藝術感召力的弊端逐漸顯現。《新女性》選取女電影演員艾霞轟動一時的新聞事件作為創作素材，看似討巧（迎合市場賣點），其實是作繭自縛：編導對故事原型概念化和過度理念化的處理，以及當時觀眾對影片充滿緋聞性新聞的關注，對左翼思想的詮釋和左翼電影市場的拓展都是弊大於利。總的來說，《新女性》的成功，大半有賴於詞曲作者孫師毅和聶耳的天才貢獻，作為電影插曲之一《新的女性》流傳、影響至今，就是最好的說明。

丁、結語

在今天來看《新女性》，最讓人觸目驚心的是女主人公韋明送女兒住院，因為錢不夠而被迫離開的那兩組鏡頭：滿當當一架架藥品、空蕩蕩一張張病床。對比懷中瀕臨死亡的、可愛的小女孩，《新女性》生成和傳達的是極具鼓動性的視覺震撼和心理暴力。如果說，1932年的《火山情血》和《天明》，是

左翼電影對階級性暴力基因的提取和整體編碼的話，1934 年的《新女性》已經試圖將它們注入全體社會成員的行爲意識當中。

戊、多餘的話

　　子、以往的電影史研究把《新女性》定爲左翼電影，從一個極端的角度來說是名至實歸。譬如《新女性》對「愛和金錢的關係」的處理就極見功力和極具先鋒色彩。影片中女主人公韋明因爲愛而拒絕王博士，但她也可以同樣因爲愛——偉大的母愛，而認可金錢、出賣肉身。就這一點而言，《新女性》提出一個非常前衛的觀念：女性有出賣自身的權利。

　　丑、就觀賞性而言，《新女性》是現存 1934 年影片中最差的。除了這個影片拖沓生硬、情節混亂之外，阮玲玉帶著明顯時代氣息的「阮式招牌」的表演也是一個不能容忍的原因。

　　《新女性》拍完以後第二年的 3 月 8 日，阮玲玉就自殺了，而《新女性》和她自身現實生活中成爲「互文」，電影內外，互相映證，你分不清阮玲玉是在講自身的故事還是電影照搬她的遭遇。但是最終的結局都一樣，女主角雖

心有不甘，但卻求生無路。我認爲理論上討論這樣的「互文」難免不人道。
她個人生活的不幸當然是最終促成悲劇發生的主要原因，但同時還有一個事
業上的原因：有聲電影出現後對演員的語言水平是個極大的考驗，而阮玲玉
的廣東口音難以適合有聲電影，爲此還要專門請人教授國語[5] P63；換言之，
藝術道路上的艱難，也是一個以出演悲劇著名的女演員精神上的一大負擔，
最終使她不堪重負〔註8〕。

初稿時間：2006 年 12 月 29 日
初稿錄入：方捷新
二稿校改：2007 年 7 月 21 日～8 月 6 日
三稿改定：2007 年 12 月 25 日
校訂配圖：2015 年 1 月 20 日～21 日

參考文獻：

〔1〕程季華，中國電影發展史：第 1 卷〔M〕，北京：中國電影出版社，
1963。

〔2〕黃維鈞，中國第一女影星的愛恨生活：阮玲玉畫傳〔M〕，貴陽：貴州
人民出版社，2004//王晶，電影《新女性》與三十年代上海新聞界風
波（2007-7-21）〔J〕，http://news.eastday.com/eastday/xwjz/node65787/
node65789/userobject1ai1168147.html。

〔註 8〕本章作爲第 22 章收入《黑白膠片的文化時態──1922～1936 年中國早期電影
現存文本讀解》之前，主體部分（除了己、多餘的話）曾以《變化中的左翼
電影：左翼理念與舊市民電影結構性元素的新舊組合──以聯華影業公司
1934 年出品的〈新女性〉爲例》，發表於 2008 年第 3 期《中文自學指導》（上
海，雙月刊）；閱讀指要是成書版和雜誌發表版內容摘要的合成。特此申明。

〔3〕百年中國經典影片回顧展——《新女性》（2005-08-25-17：59）//新浪娛樂，http://ent.sina.com.cn。

〔4〕師永剛，劉瓊雄，紅軍〔M〕，北京：生活·讀書·新知三聯書店，2006//北京：作家文摘，2007-7-27（1）。

〔5〕胡蝶，胡蝶回憶錄（內部發行）〔M〕，劉慧琴整理，北京：新華出版社，1987。

〔6〕王晶，電影《新女性》與三十年代上海新聞界風波〔J〕，//http://news.eastday.com/eastday/xwjz/node65787/node65789/userobject1ai1168147.html。

〔7〕愛國主義教育叢書——聶耳（電子書）//ebook.mumayi.net/67/sxpd/ts067082.pdf。

〔8〕在阮玲玉主演的電影《新女性》中聽到老上譯的聲音//中國配音網論壇：http://www.peiyin.com/bbs/read.php 抬 tid=40716。

Changing Left-wing Films — Combination of Left-wing Approach and Traditional Citizen Film Structure: A Case Study on New Women by Lian Hua Film Company in 1934

Abstract: In archived 1934 Chinese films, the significance and value of *New Women* means left-wing films still maintained prosperous production and strong market demands in 1934. Meanwhile *New Women* timely absorbed and brought in sound film technology, integrated popular elements from thriving mass literature and art （such as lots of popular songs inserted）, which indicates left-wing films were changing: technology drawing close to traditional new citizen films, expression getting back to traditional citizen films。

Key words: left-wing film; dubbed film; interlude song; lines; element

第拾貳章　天賦「神」權，女「性」無罪——《神女》(1934年)：無聲片時代左翼電影的高峰與經典絕唱

閱讀指要：

　　一般觀眾會認為影片表現的是對一個被侮辱的可憐女子的同情，其實，就故事而言，知識分子和性工作者在現實生活中都是失敗者，他們的勝利只留存於道德層面。作為無聲片時代左翼電影的巔峰之作，《神女》直接啓動原生態現實生活的道德程序，對社會運行過程中發生變異的道德蠕蟲病毒和強行滲入的意識形態木馬給予隔離和清除，不僅形成對藝術敘事機制的強力保護，而且在對神女—性工作者給予直白的正面表現和人文關懷的同時，又借助城市意識和左翼視角，對於其處於底層社會中的神性地位、女性尊嚴和女性性權利給予徹底的、真誠無邪的修復。

關鍵詞：神女；性工作者；明娼與暗娼；無聲片；敘事策略；

專業鏈接 1：《神女》（故事片，黑白，無聲），聯華影業公司 1934 年出品。VCD
（雙碟），時長 73 分 28 秒。

　　〉〉〉**編劇、導演**：孫瑜；**攝影**：張偉濤。

　　〉〉〉**主演**：阮玲玉（飾演阮嫂）、黎鏗（飾演阮嫂的兒子）、章志
　　　　　　直（飾演阮嫂的丈夫）、李君磐（飾演小學校長）。

專業鏈接 2：原片片頭字幕及演職員表字幕（標點符號爲錄入者添加）

　　《神女》。

　　聯華影業有限公司出品。

　　上海第一製片廠攝製。

　　監製：羅明祐；

　　製片主任：黎民偉；

　　攝影：洪偉烈；

　　布景：吳永剛。

　　編劇、導演：吳永剛。

　　演員：阮玲玉，黎鏗，章志直，李君磐。

　　神女……掙扎在生活的漩渦裏……在夜之街頭，她是一個低賤的神
女……當她懷抱起她的孩子，她是一位聖潔的母親……在兩種生活
裏，她顯出了偉大的人格……

專業鏈接 3：影片鏡頭統計

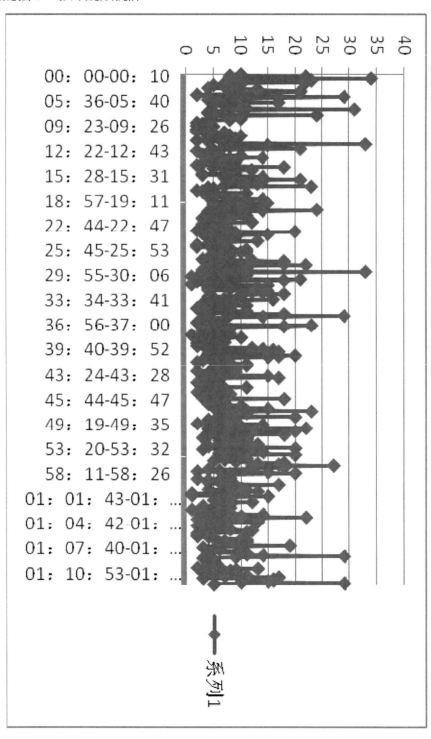

　　說明：《神女》全片時長 73 分 28 秒，共 534 個鏡頭。其中：

甲、小於和等於 5 秒的鏡頭 205 個，大於 5 秒、小於和等於 10 秒的鏡頭 190 個，大於 10 秒、小於和等於 15 秒的鏡頭 76 個，大於 15 秒、小於和等於 20 秒的鏡頭 31 個，大於 20 秒、小於和等於 25 秒的鏡頭 16 個，大於 25 秒、小於和等於 30 秒的鏡頭 5 個，大於 30 秒、小於和等於 35 秒的鏡頭 4 個，大於 35 秒、小於和等於 40 秒的鏡頭 0 個。

乙、片頭鏡頭 7 個，片尾鏡頭 1 個；字幕鏡頭 66 個，其中交代劇情的鏡頭 8 個，交代人物鏡頭 0 個，對話鏡頭 58 個。

丙、固定鏡頭 404 個，運動鏡頭 65 個。

丁、遠景鏡頭 37 個，全景鏡頭 96 個，中景鏡頭 164 個，近景鏡頭 95 個，特寫鏡頭 70 個。

（數據統計與圖表製作：李梟雄，核實：劉曉琳）

專業鏈結 4：影片觀賞推薦指數：★★★★★

甲、前面的話

　　從考古學、人類學和文化學的角度來說，「神女」的原意，本是中國先秦時代原始崇拜和原始傳說系列中的女神，（按：屬於偶像級別的半人半仙人物形象）；演變到戰國時期，又以楚國（現今三峽地區）的「巫山神女」最爲著名，集神性、巫術性和愛神形象於一身 [1]。實際上，「神女」又「同世界其他古老文化中的女神一樣，也有一個從原母神到性神，再到愛神的演變趨勢。但是，中國過於早熟的道德文化窒息了性神和愛神的活力」[2]。而從民俗學、社會學和文藝學的角度，「神女」的稱謂顯然與專業化的和非職業性的娼妓身份和行業行爲有直接關聯。聯華影業公司 1934 年出品的電影《神女》，其片名、題材、主題和人物所選取的就是這層意思。

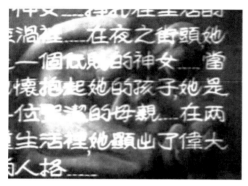

乙、神女──性工作者的歷史背景、現實依據和左翼視角下的人性觀照

《神女》的價值和意義，首先在於它的現實依據，這指的是1930年代中國社會的歷史背景和性工作者的職業背景。

和當時幾乎所有的電影一樣，《神女》將上海設置為故事的背景地。作為在西方列強武力逼迫和經濟需求下最早開放的中國沿海城市之一，早在民國四年（1915年），僅上海公共租界一個地方的明娼（有正式牌照的性工作者）人數是9791人，當時的公共租界人口總共約68萬餘，其中青壯年婦女約10萬餘人，這就是說，每十幾個青壯年婦女中就有一個有營業執照的性工作者，沒有執照的（暗娼）則不可統計；到民國6年（1917年），英國社會學家甘博耳對世界8大都市的公娼人數和城市總人口的比率作了調查，上海以1：137的高比例，居世界8大都市之首，北平以1：259占第二位，（其後分別是東京1：277，名古屋1：314，芝加哥1：437，巴黎1：481，柏林1：582，倫敦1：906）；民國二十四年（1935年，即電影《神女》拍攝公映後1年──引者注），鮑祖寶在《娼妓問題》一書中說，上海當時的公妓與私娼約在6至10萬人之間；王書奴在《中國娼妓史》中認為，租界中妓女則達12萬人之眾，此時上海婦女人口約為150萬人，平均9至15名成年女性中即有1人是娼妓[3]。換言之，從1915年至1935年20年間，在上海的成年女性與娼妓的比例始終保持在十幾比一的高位〔註1〕。

─────────────

〔註1〕 另一組數據是：二十世紀10、20年代，樂靈生牧師（Rev. Frank Rawlinson）曾通過中華博醫會的會員在中國四十一個人口從1,200人到150萬人不等的城市調查，發現妓女人數與人口比率是1：50至1：5000，平均比率是1：325，在南京、桂林、煙臺、北京、濟南、上海六個擁有6萬-150萬人口的城市中，妓女人口比率是1：153至1：593，平均比率是1：3006（燕京大學社會學系編輯：《社會學界》第五卷〈1931年6月〉，頁115，轉引自中國畢業論文網：張百慶：《吸毒與賣淫──近代中國市民社會一瞥》，http://post.baidu.com/f 抬 kz=148098452）。

　　其次，在 1930 年代，從事性工作者這個職業的絕大多數人（身份）是來自農村的和外地的女性，以現今的標準來劃分，就是所謂的女民工。在城市化飛速發展的同時，由於農村凋敝、農業破產和工業化的滯後與不足，「大量農民湧入城市，導致部分城市人口畸形膨脹，如上海 1932 年 5 月人口為 2,720,386 人，11 月增至 3,078,345 人，僅 6 個月就增加了 35 萬多人」，而「鄉村人口大量湧入城市後，無法被工業企業吸收，主要進入苦力、車夫、小販、娼妓第三產業部門或處於失業狀態。特別是 30 年代前期，中國農民進城與城市工商業凋敝同時發生。城市不但不能消化新增入的勞動力，連舊有的勞動力水平也難以維持。如 1933 年全國至少有 600 萬人失業，1935 年有 590 萬人失業」[4]。

　　根據這些數據，可以得出兩個結論，其一，數量眾多和能夠滿足不同階層不同需求的性工作者（明娼、暗妓）已經使「賣淫走向社會化」[4]，這是電影《神女》擁有充分的現實和社會基礎的原因所在；其二，城市中性工作者的地位，與處於城鄉二元對立中來自外地、尤其是農村女性的身份背景，無疑使其成為中國社會底層當中的底層、弱勢當中的弱勢。《神女》中阮玲玉飾演的女主人公阮嫂就是她們的代表。

　　既然性工作者和其職業（賣淫）已然是社會常態存在的表現，那麼，《神女》就不具備藝術題材選擇方面的特殊性，因此，如果要強調特殊性，那只能是它在左翼視角下的獨特性和城市意識中的現實性。這是因為：

　　第一，就 1930 年代而言，女性在非左翼電影的視野當中本來就屬於弱勢群體，最好的結局就是不無憐憫的同情，譬如《脂粉市場》、《姊妹花》（明星影片公司 1933 年出品）和《女兒經》（明星影片公司 1934 年出品）中貧富有別、身世各異的女性。而在左翼電影中，女性形象日趨堅強並給予正面表現，但都或多或少帶有強烈的意識形態色彩，譬如無聲片《天明》、《母性之光》、

《小玩意》（均爲聯華影業公司1933年出品）、《體育皇后》、《新女性》（均爲聯華影業公司1934年出品），女性形象的符號宣傳性和概念化在所難免。

　　作爲無聲片時代左翼電影的顛峰之作，《神女》的偉大和過人之處，在於它對現實生活中女性面貌及其原生態道德內存的眞實展示。本來，中國女性在傳統和現代意義上乃至當下社會一直處於弱者地位，女性性工作者尤其如此，她們不僅受到全體社會成員的歧視，自身也歧視自己。因此，只有左翼的《神女》才恢復了其人的本來面目及其女性尊嚴。換言之，《神女》的主題本身就已經具有不可更張的、無法否認的左翼電影的特徵。因爲所謂左翼文藝，就是替那些底層中的底層、弱勢當中的弱勢，那些被剝奪了包括身體權利和性權利在內的一切權利的弱者言說和辯護的作品。

　　第二，在影片中，你自始至終看不到編導對主人公有褻瀆、輕視、侮辱的些許表現，而是充滿對人性、工作性質和職業權利的尊重，以及對性工作者不尊重的嚴厲批判和否定──憐憫、同情和替她伸冤、打抱不平倒不是影片的主旨──這來源於1930年代城市文化和現代城市意識。《神女》賦予主人公爲代表的性工作者一個常態的社會成員和一個天賦人權的普通工作者應有的社會地位和勞動尊嚴，這是對「勞工神聖」理念的眞正回歸和體現。

　　需要注意的是，作爲左翼思想的一個重要組成部分，表述「勞工神聖」的恰恰不是勞工自身，而是來自於佔據社會中高端地位的知識階層。譬如在影片中，當小學校長去阮嫂家做家訪、明白阮嫂所從事的職業的時候，你可以看到，首先是對她的寬容，理解和認可，其次才是同情和幫助；當迫於學生家長和學校董事會的壓力不得不讓阮嫂的兒子退學時，校長說我向你懺悔，因爲這有違我們教育的宗旨；當校長無力改變現狀時，他以辭職表明他的立場、給予道義上的支持。

　　第三，所謂人道主義其實並不是抽象的東西，它具體體現在對人權最基本的和最淺層的尊重與維護上。所謂天賦人權，一般會提到是生存權、居留權、旅行權以及勞動權，但還有一種一般不進入公共意識層面、但時刻存在和行使著的權利，即出賣自身和自由支配自身器官的權利。《神女》並沒有對主人公的職業和她行使的勞動權和出賣權做出價值評判。一般性的看法會提及，《神女》主人公選擇這種工作，以及造成她困境的根源是不合理的社會制度；一般觀眾會認為《神女》表現的是一個被迫害的、被侮辱的可憐女子的悲慘遭遇。這都是表面化的讀解。從另外一個角度說，一個人不能自由的支配和出賣自己的身體，應該被認為是基本人權的嚴重缺失。因此，《神女》的偉大貢獻之一，就是 1930 年代的中國知識分子借助阮嫂這個性工作者形象，完成了對人權的最徹底的表述和對世俗誤解深層次的修正。

　　就故事本身而言，阮嫂本來應該得到她自己應該得到的東西，譬如家庭生活，但最終毀掉她的生活和希望的，不完全是她的工作性質本身，而是不合理和不公正的社會生存背景：阮嫂最終憤而殺夫，是因為那個男人好賭成性、偷竊她的工錢，結果不僅毀了孩子的教育前途，也毀了這個家庭。家庭是社會最基層的、最穩定的核心細胞，細胞當然有大小強弱之分，細胞的構成元素也有大小強弱之別。顯然，家庭中的女性和孩童一般是永遠處於相對的弱者地位。而弱者的毀滅，從來都是對人性最大的威脅也是最大的毀滅。毫無疑問，《神女》的悲劇意義就在於此。

　　作為無聲片時代左翼電影的最高代表，《神女》所揭示的人權問題和人性內涵從來沒有僅僅局限於表面，並且超越時空直抵當下。知識分子和性工作者在現實生活中是失敗者，他們的勝利留存於道德層面：影片先天具備的人道主義硬件配置，不僅刪除了社會運行過程中已經變異的道德病毒，而且也將試圖侵入的意識形態編碼予以隔離，從而形成對藝術敘事機制的強力保護。

丙、「神女」的三重屬性、電影的平視手法及其敘事策略舉要

　　一般文藝作品當中，如果女主人公涉及到性，無論是職業性還是偶發性都容易喪失觀照者把握的穩定性，常常會處理成一個性過錯形象，或者一個非常態人物。《神女》不存在任何這方面的過失。實際上，女主人公所從事的職業，僅僅是她的外在的社會身份屬性而已。在我看來，影片的貢獻還在於對女主人公三個內在層次的展示。

　　第一層，作為妻性的女性。影片開始時，阮嫂出場時是帶著一個孩子的單身母親，就家庭的構成來說，她缺失丈夫這個固定搭配角色。影片其實對此做了充分展示，但很容易被人們忽略。譬如阮嫂某一天晚上上工碰到危險──這個職業的危險是時刻存在的，因為她是沒有執照的性工作者（暗娼）──在躲避警察追捕時，撞到地痞章胖子的房間裏。從表面上看這是偶然的，但它又是必然的。從反面人物章胖子的角度來看，他以卑劣的手段將這個女人控制在手裏：先是無恥的追逐，然後要求回報（我救了你，你要報答我），進而用綁架孩子的方式迫使阮嫂就範，長期化、無償化地消費這個訛詐對象。

　　而從主人公女性的、妻性的角度來說，她也希望能找到一個合適的位置安定下來（這是最容易遭到觀眾忽視或誤解的地方）。她和章胖子的結合固然有被強迫的一面，但是你不能否認的是阮嫂女性身份當中的妻性屬性決定了她的滯留。影片當中有很多三個人坐在家中的場景，雖然不和諧，但它卻是一個完整的家庭圖象。雖然當爹的游手好閒不求長進，但是小朋友在那裡認真念書，媽媽在一旁輔導功課，家庭場景是非常完整的。這是《神女》值得稱道的地方，它在還原主人公的妻性的同時，又給予女性的尊嚴和自覺意識予以保留。

　　第二層，母性身份定位。這個身份可以說貫穿影片始終。影片一開始就表明阮嫂和孩子相依為命、親密無間的關係，到影片最後她被關進監獄，讓她痛苦得發狂的不是自己的生死結局，而是母子分離的悲慘處境：她被強行剝奪了對孩子的愛。但另一方面，阮嫂的母性身份和特徵，又為影片主題提供了額外的道德屏障和道德防腐劑。就像主人公自己說的，我做這個行業，是為了我孩子的生存和發展。

　　假設主人公是個未婚的，或沒有孩子的女性，就很容易引起不必要的道德攻擊。人們會說，你看你這麼年輕，為什麼不找些符合你身份的事情做做呢？《神女》最能打動觀眾和觀眾最容易接受的就是作阮嫂為母親對孩子的愛。譬如她之所以容忍那個惡棍男人的脅迫委曲求全，完全是為了孩子；組成家庭以後阮嫂之所以繼續從事這個職業，也是因為只有如此才能保證孩子的受教育權——除了身體，母親一無所有；為了孩子，母親義無反顧。

　　第三層，作為職業女性的平常女性身份。這也是容易被忽視的一點，在一般人的心目當中、在一般化的文藝作品當中，一旦主人公（無論是男是女），只要從事的是性行業，就很容易把這個人物看作是性本身所具有的符號，或者乾脆就等於性本身。這樣的看待和表現常常容易喪失對作為職業性的平常性別身份的把握，進而喪失對現實人生和藝術表現的把握〔註2〕。在影片中，阮嫂作為母親、妻子和性工作者，她的三重角色和身份並未產生矛盾和衝突。事實上，她是偉大的母親（誰也不會懷疑這一點）、合格的妻子（你看看她為

〔註2〕　賣身為生不過是社會性職業身份的外在歸屬，自身的人性尊嚴並未喪失。這
　　　　個概念的來源要感謝攝影家趙鐵林，其實這是他的《聚焦生存——當代地下
　　　　性產業曝光》（西寧，青海人民出版社1999年版）一書中的觀點，在外人眼
　　　　裏的性工作者可能就是性本身或是性的代表。可是性工作者本人除了身上帶
　　　　有性色彩之外還是一個普通的常態女性。

這個破家所盡的責任）和敬業的從業人員（你看看她為孩子上學攢的那些血汗錢）。

在不同的場合和人際關係中，阮嫂的三重身份轉換是極其自然、順理成章的，她所從事的職業不能代表和掩抑她作為平常女性自身的屬性：每當阮嫂收工回家，恢復一個母親、妻子、女人身份的時候，它實際上拒絕了來自觀眾庸常可笑的價值判斷和廉價的道德施捨，同時也決定了它崇高的藝術地位。阮嫂的三重身份既來源於左翼視角也是現代城市意識中的自然體現。

從藝術手法上講，《神女》採取的是一個平視角度，與此相對應的是影片的單線敘事方式，這雖然不是編導吳永剛的獨創，但顯然與他偉大的藝術貢獻和時代精神相關聯。1930 年代的中國電影體現出處在黃金時代的多樣性，包括左翼電影在內有各種類型的藝術表現手法。既有新穎、先鋒、獨到的，也有傳統、保守的。但無論哪樣，能與敘事對象與敘事內容搭配得當的敘事策略才能相得益彰。就《神女》而言，它採取的單線敘述方式就非常符合它的主題和題材特徵。

影片一開始，就是女主人公阮嫂在房間中的圖象，然後燈亮，再其後就是女主人公出去上工，兜攬生意。這樣故事就開始了，交代的非常簡潔、清晰。影片結束時這條線也是繃得很緊、攢得很牢：阮嫂進了監獄，兒子被送進教養院。故事是怎麼發生的，觀眾看得清清楚楚，沒有那麼多的懸念和副線，也沒那麼多的專業和臃腫的閃回追述。《神女》的一個魅力，就是在單線敘事中調動和強調細節。這種細節是日常生活當中司空見慣的、又和每一個觀眾息息相關的，用來推進情節和強化敘事氣氛。譬如阮嫂逃避警察的追捕（類似今天城管對無照商販的圍追堵截），又譬如阮嫂費盡心機地藏錢，後來錢又被不要臉的丈夫偷走的細節刻畫，居然自成高潮。

　　單線敘述是有它保守和傳統的一面，但這個片子畢竟是偉大的吳永剛拍的，因此你會發現，在《神女》當中不乏新意的大家手筆。譬如，阮嫂找到藏錢的地方後，一次一次的往裏藏錢。迴避了什麼？展示了什麼？說明了什麼？這是一種替代性敘述，它為後來阮嫂殺心頓起，操起酒瓶把王八丈夫打死的情節積蓄了巨大的能量。影片迴避了阮嫂接客的非必要展示，展示著生活的底色，說明那錢並不僅僅是錢，而是她和孩子未來的希望。孩子的希望也就是她的希望，這是她工作著、活下去的唯一的動力：被偷走的不是錢，是她一生的希望，她的未來。

　　《神女》作為經典之作已是一個不必爭論的事實，人們要做的就是感受它無窮的細節魅力。譬如，當初章胖子以暴力脅迫阮嫂就範的時候，鏡頭是從章胖子胯下給出的：這個可憐女人和這個女人的兒子從此要生活在這個男人的淫威之下。又譬如，當阮嫂的孩子上了學，有一天放學回來，非常高興的對媽媽說今天他們做體操了。

　　「媽媽，給你做體操」。

　　注意看吳永剛怎麼做。這個場景如果如實處理起來很麻煩，你要拍他做體操的動作，無論鏡頭的（往開）拉和（往下）跟，都會干擾視覺流程。吳永剛使機位保持固定，而讓小朋友正面出現，一上一下兀自做操；緊接著媽媽學習，此時的鏡頭如果再這麼給就顯得板，（沒有創意。說到底，電影是藝術不是技術），所以編導給了阮嫂一個側面。這麼做很自然的，因為機位沒有移動，小朋友上下運動的鏡頭恰好符合媽媽的視角和感受。這個忽上忽下的處理既反映小朋友動作的規整，也反映了媽媽內心情緒的起伏和呼應。

　　類似的藝術處理手法還有一處，當阮嫂發現錢被偷了並斷定是那個鳥男人幹的、從房間裏衝出去追討時，注意當時夜景的處理是迭起來的，表面上

是表現大都市夜色靡麗、霓虹燈閃爍不定，其實這不是一個客觀鏡頭而是強烈的主觀鏡象。在這個女人眼裏，天旋地轉，整個人生徹底被顛覆，所以她步態紊亂，視覺恍惚。非常貼切，非常到位。關鍵是編導吳永剛一點也沒有讓你感覺他在刻意經營。看似無心卻有心，這是藝術境界。

丁、結語

　　作爲一個職業性的稱呼和行業生活的描述，「神女」—《神女》的現代意味更爲濃厚。作爲無聲片時代左翼電影的巔峰之作，《神女》和在此之前類似題材的中國電影製作最大的區別在於：它站在人性的高度，運用簡單樸素的藝術表現手法即線形敘述模式，直接啓動原生態現實生活的道德程序，對社會運行過程中自身發生變異的道德蠕蟲病毒和強行滲入的意識形態木馬病毒，給予全面清除，進而對神女—性工作者給予直白的正面表現和人文關懷，對處於中國底層社會中的底層人物、弱勢群體中的弱勢——個體性工作者的神性地位、女性尊嚴和女性性權利給予徹底的、眞誠無邪的修復。《神女》所佔據的人性高度以及由此而生發的道德激情，既超越了歷史時代的局限，也超越了世俗性的文化解讀。作爲後來人，不能不感慨偉大的電影編劇和導演吳永剛（1907～1982）在1930年代的開掘和貢獻：他建構的「神女」高峰，在中國電影藝術史上相當長的一段時間內無人能夠逾越〔註3〕。

〔註3〕現在國際上對於娼妓的通行稱謂是CSW（Commercial Sex Workers），即性工作者。中國大陸2000年前後出現的新左翼電影對此已經做出巨大的貢獻，譬如《安陽嬰兒》（編導：王超，出品人：方勵，2000年出品）。從這一點回頭來看1934年的《神女》，作爲後來的人不能不感慨吳永剛的開掘和引導。

戊、多餘的話

　　子、談到《神女》的經典，不能不提及阮嫂扮演者所做的偉大貢獻：內在性和外在性合一的表演模式。阮玲玉是1930年代，或者說是中國電影史上最偉大的女演員之一。我對她的所謂美麗和逸事不感興趣，感興趣的是人生藝術化的問題。人生藝術化指的是現實生活和藝術創作相互錯位混淆或合二為一，與行為藝術有相近和重合之處。對於阮玲玉而言，她的人生藝術化，即她在《神女》當中所出演的這個悲劇性的女人和她在生活當中所扮演的那個悲劇性的角色相重疊，這不是她願意的。銀幕上的那個角色她並不願意搬入生活當中，但事實卻就是如此，她所扮演的角色恰好對應於她的實際生活。這，也許是阮玲玉有如此出色表現的一個原因。

　　丑、我更願意表達的是，阮玲玉在無聲片時代尤其是1930年代主演的影片當中，其過人之處在於她表演和藝術創造的控制和到位。阮玲玉在影片中的情緒非常飽滿，這要部分歸功於無聲片的魅力，沒有對白（聲音），只有字幕，更多地依賴於演員的肢體語言，尤其是面部表述、特寫以及鏡頭運用，這時候你會讀出更多的東西，而這個更多的東西恰恰依賴於演員自身的品質和表演。因為無聲，所以阮玲玉飽滿的情緒得以控制，不形成外溢。到位就是貼切，即不能過也不能欠，而阮玲玉的個性氣質基本都和她出演的那些人物吻合，內心柔弱、豐富、細膩，所以就容易被人欺負。黑白色調的無聲電影給予她廣闊的施展空間也提升了她的內在魅力：當阮嫂笑的時候，你就很難分清楚到底是阮玲玉在笑還是神女在笑，尤其是當她看到自己孩子時露出只有母親才有的幸福微笑，二者合二為一，讓你無法避免錯覺的產生。當阮嫂殺夫以後，她在法庭上的無助、困惑、絕望。還有在監獄當中絕望當中的瘋狂，瘋狂當中的絕望，

那種被扭曲的愛，阮玲玉僅僅用她這張臉就表達無遺，你都可以讀到——實際上，人們都知道，無論她在影片當中表演的人物形象實際年齡到底有多大，阮玲玉死的時候實際年齡是 25 歲，即《神女》公映後的一年〔註4〕。

初稿時間：2006 年 11 月 3 日
初稿錄入：劉博
二稿校改：2007 年 8 月 28 日～9 月 9 日
三稿改定：2007 年 12 月 27 日
校訂配圖：2015 年 1 月 22 日～23 日

 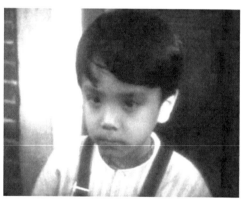

參考文獻：

〔1〕劉不朽，宋玉《神女賦》解讀——巫山神女傳說之原型與演變
（2007-8-27）http://www.cws.net.cn/Journal/Three_Gorges/200311/19.htm。
〔2〕暨陽社區——鉤沈書樓：從巫山神女說開去——再談妓女起源【舊作】
（2007-8-27）http://bbs.jysq.net/thread-68528-1-1.html。
〔3〕THEBOY 論壇→時尚流行→解放初的妓院改造運動
（　2007-8-27　）.http://www.theboy.com.cn/bbs/dv_rss.asp　抬
s=xhtml&boardid=91&id=5397&page=1&star=2&count=31。

〔註 4〕除了戊、多餘的話外，本章的主體部分曾以《城市意識與左翼電影視角中的性工作者形象——1934 年無聲影片〈神女〉的當下讀解》為題，發表於 2008年第 5 期《上海文化》（雙月刊）；作為第 24 章收入《黑白膠片的文化時態——1922～1936 年中國早期電影現存文本讀解》時，原有的注釋 1、2、3 以及參考文獻〔2〕〔3〕均被刪除。現將其恢復：閱讀指要是成書版和雜誌版內容摘要的合成。特此申明。

〔4〕張百慶，吸毒與賣淫——近代中國市民社會一瞥
（2007-8-27），http://post.baidu.com/f 抬 kz=148098452）

City Awareness and Sex Workers Images in Left-wing Films: Today's
Analysis on Goddess — A Silent Film in 1934

Abstract: As the most excellent film among other silent left-wing films, Goddess
directly triggers the moral reflection on truly realistic life, wholly sweeps away
moral worm viruses in the process of social operating and eliminates penetrated
ideological Trojans, which gives goddess — sex workers — positive depiction and
humanistic concern, and also thoroughly and sincerely revises divinity, dignity of
women and women's sexual right for people at the bottom of society。
Key words: Goddess; commercial sex worker; lawful prostitute and unlawful
prostitute; silent film; narrative tactics;

第拾參章　批判，否定，抗爭，毀滅──
《桃李劫》(1934年)：有聲片時代
經典左翼電影樣本讀解之一

閱讀指要：

　　民工殺人和大學生殺人引發的社會反響，在現代中國從來都是截然不同。因此，如果精英階層的知識分子在生存層面都成為問題，那麼，人們就有理由認為：這是一個非人道的社會，這是一個不合理的社會，這是一個毀滅人的良知的社會體制。因此，《桃李劫》與其說是對個案人物命運不公的控訴、與其說是芬芳桃李(青年知識分子)的劫難，倒不如說是全社會的劫難。所以這個社會有理由從根基存在上和體制運作上被懷疑、被反抗乃至被毀壞──而且要以非理性的手段和極端性的方式。

關鍵詞：「電通」公司；左翼；批判性；階級性；暴力性；精英階層；

從左至右：《自由神》（編劇夏衍、導演司徒慧敏）和《都市風光》（編導袁牧之）影片截圖

專業鏈接1：《桃李劫》（故事片，黑白，有聲），電通影片公司1934年出品。
VCD（雙碟），時長102分46秒。
〉〉〉**編劇**：袁牧之；**導演**：應雲衛；**攝影**：吳蔚雲、李熊湘。
〉〉〉**主演**：袁牧之、陳波兒、唐槐秋、周伯勳、黃志宏。

專業鏈接2：原片片頭字幕及演職員表字幕（標點符號爲錄入者添加）

電通公司製片廠出品。電通。《桃李劫》。
監製：馬德建；
電通公司三友式錄音機創制工程師：司徒逸民、馬德建、龔毓珂；
攝影：吳蔚雲、李熊湘；
錄音：司徒慧敏、周駿；
置景：張雲喬；
作曲：聶耳。
演員（以出場先後為序）：

劉校長——唐槐秋，陳科長——魏季燕，
陶建平——袁牧之，黎麗琳——陳波兒，
黃志宏——王一之，陶　母——朱銘仙，
張經理——張志勳，馬經理——周伯勳，
工　頭——李滌之，鄰　婦——趙曼娜，
學　生——李寶泉。

編劇、導演：應雲衛。

專業鏈接 3：影片鏡頭統計

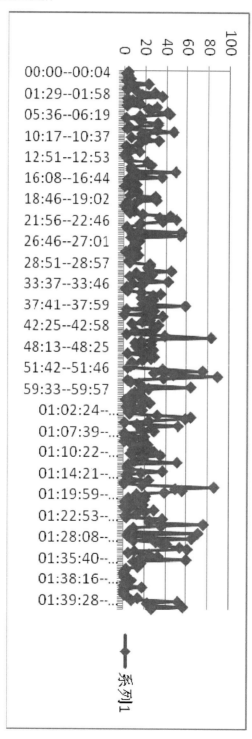

說明：《桃李劫》全片時長 102 分 46 秒，鏡頭共 306 個，其中：

甲、小於和等於 5 秒的鏡頭 78 個，大於 5 秒、小於和等於 10 秒的鏡頭 45 個，大於 10 秒、小於和等於 15 秒的鏡頭 41 個，大於 15 秒、小於和等於 20 秒的鏡頭 34 個，大於 20 秒、小於和等於 25 秒的鏡頭 27 個，大於 25 秒、小於和等於 30 秒的鏡頭 24 個，大於 30 秒、小於和等於 35 秒的鏡頭 13 個，大於 35 秒、小於和等於 40 秒的鏡頭 12 個，大於 40 秒、小於和等於 45 秒的鏡頭 6 個，大於 45 秒、小於和等於 50 秒的鏡頭 5 個，大於 50 秒、小於和等於 55 秒的鏡頭 6 個，大於 55 秒、小於和等於 60 秒的鏡頭 5 個，大於 60 秒、小於和等於 65 秒的鏡頭 4 個，大於 65 秒、小於和等於 70 秒的鏡頭 0 個，大於 70 秒、小於和等於 75 秒的鏡頭 2 個，大於 75 秒、小於和等於 80 秒的鏡頭 1 個，大於 80 秒、小於和等於 85 秒的鏡頭 1 個，大於 85 秒、小於和等於 90 秒的鏡頭 2 個。

乙、片頭鏡頭 9 個，片尾鏡頭 0 個：字幕鏡頭 0 個，其中交代劇情的鏡頭 0 個，交代人物鏡頭鏡頭 0 個，對話鏡頭 0 個。

丙、固定鏡頭 235 個，運動鏡頭 62 個。

丁、遠景鏡頭 2 個，全景鏡頭 99 個，中景鏡頭 60 個，中近景鏡頭 40，近景鏡頭 34 個，特寫鏡頭 62 個，空鏡頭 0 個，片頭片尾字幕鏡頭 9 個。

（數據統計與圖表製作：玄莉群，核實：李梟雄）

專業鏈結 4：影片觀賞推薦指數：★★★★★

甲、前面的話

1930～1937 年，中國國產電影市場基本上被天一影片公司、聯華影業公司和明星影片公司三大私營企業佔據、瓜分，但在 1934 年，一家靠製造和售賣電影錄音器材及其自有專利技術起家的電通影片公司，突然快速進入電影製作行業，到 1935 年 10 月公司結束製片業務，「電通」公司在不到 1 年的時

間裏，先後製作了《桃李劫》（1934）、《風雲兒女》、《自由神》和《都市風光》（均爲1935年出品）共4部有聲片。

迄今爲止，除了《自由神》公衆看不到之外，其它3部依然在市場上售賣。其中，《都市風光》是中國第一部音樂喜劇片[1] P391，《桃李劫》和《風雲兒女》則分別成爲經典的左翼電影的樣板，而且這兩部片子的插曲影響巨大：《桃李劫》中的《畢業歌》至今對青年學生都有警示意義，《風雲兒女》中的《義勇軍進行曲》在14年後、1949年中華人民共和國成立前夕被確定爲「代國歌」〔註1〕。

「電通」公司是一個非常有趣的公司。首先，它的創辦者是3個非電影行業的留美學生：司徒逸民、龔毓珂（曾在哈佛大學研究無線電機工程和機械工程）、馬德建（在華盛頓大學學習機械工程），他們看到中國的有聲電影製作依賴外國器材解決錄音問題，便在上海虹口建立了自己的研究室，並吸收司徒逸民的堂弟司徒慧敏參加；1933年9月，他們研製出「三友式」電影錄音機後就正式成立了電通股份有限公司，「經營電影錄音放音設備，同時辦理各種電機工程的設計」[1] P397。

換言之，三名工科學生在電影製片行業之外發現商機，運用自己的專業特長獲得了巨大的經濟效益。就這個意義上說，「三友式」電影錄音機是1930年代傑出的民族工業品牌之一，相對於著名民族品牌「萬金油」，顯然更能體現中國人民在現代工業製造方面的高端水平。

〔註1〕 1949年9月27日，由中國人民政治協商會議確定：1978年3月5日，第五屆全國人民代表大會第一次會議通過決議，將舊有歌詞用新填歌詞替換：1982年12月4日，五屆五次人大會議通過決議，撤銷1978年決議，恢復舊有歌詞：2004年3月14日，十屆人大二次會議通過憲法修正案，規定《義勇軍進行曲》爲《中華人民共和國國歌》。

　　其次，按照傳統的說法，中共電影小組通過司徒慧敏爭取了司徒逸民等公司股東的合作，把公司「由器材公司改爲電影製片公司」，邀請當時文藝界著名的左翼人士如夏衍、田漢等主持電影創作，並引進了電影界各路知名人才加盟：譬如編導方面的袁牧之、應雲衛、許幸之、孫師毅，表演方面的陳波兒、唐槐秋、王人美、周伯勳、蔡若虹，攝影方面的吳印咸、吳蔚雲、楊霽明、馮泗之，動畫方面的萬籟鳴、萬古蟾、萬超塵，音樂方面的聶耳、呂冀、賀綠汀，美工方面的張雲喬等等[1] P379。實際上，左翼電影的廣闊市場和商業回報，是「電通」公司與左翼勢力合作的動力和基礎，當然也不能忽略雙方匡時救世理念和經營策略的趨同性和一致性。

乙、熱血青年 VS 黑暗現實：對批判性、階級性和暴力性的激進表述

　　《桃李劫》中，男女主人公分別叫陶建平和黎麗琳，影片展示的是兩個純潔高尚的青年知識分子，畢業後在現實生活中積極進取，但最終卻被毀滅的過程和結局，故名「桃李劫」。作爲左翼經典作品，《桃李劫》對不合理的社會現實嚴厲的批判精神和否定態度貫穿始終。

　　左翼電影的重心往往不在故事的講述上，而在理念的傳達和表述上，而這種傳達和表述是建立在對現實不合理狀況的徹底否定上。譬如《桃李劫》的故事本文，如果給非左翼編導處理的話，可能、肯定會對現實的不合理之處有所指責批判，但態度和方式是溫和的、最終的結局往往會讓影片內外的人們皆大歡喜，那樣的話，就屬於別的類型的電影，例如，屬於新市民電影（例如明星影片公司1933年出品的《姊妹花》）。

　　但在《桃李劫》這裡，「電通」公司把它處理成一個悲劇：陶建平畢業以後，因爲不能容忍公司老闆草菅人命的卑劣行徑，兩次辭去白領工作，最後

淪爲工廠苦力；他的妻子黎麗琳則因爲拒絕經理的侮辱失去工作，生下孩子以後，又摔成重傷。陶建平在給妻子借錢救治求告無門之後，只能去偷竊公款，最後妻子死掉，孩子被他送到育嬰堂（孤兒院），警偵在抓捕他時，他又失手把偵探打死，自己被處以槍決〔註2〕。

　　這樣具有青年學生背景的個案，在現實中顯然是極端的〔註3〕，編導顯然也意識到了這一點，因此，影片以陶、黎兩人以前的校長在報紙上讀到的一條新聞作爲切入角度，以倒敘的方式展開敘述。但這些都不能阻止《桃李劫》對社會極端的現實認知和激進的理念表達。影片中的男女主人公都是新式學堂（建工學校）畢業出身的學生，屬於知識分子階層。在1920～1930年代，知識分子歸類於社會精英階層，在社會中佔據著矚目的地位，受到人們普遍地和特殊地關注。

　　民工殺人（譬如《姊妹花》中的大寶）和大學生殺人引發的社會反響，在現代中國從來都是截然不同。因此，如果精英階層的知識分子在生存層面

〔註2〕　每一個時代都有一批又一批從學堂裏、從家裏、從父母的懷抱裏走出來的熱血青年，走上社會後不得不面對現實。每一個時代的青年面臨的具體問題可能有所不同，但問題的本質是相通的：在學堂裏接受了各種專業教育、各種美好理念的灌輸，當懷抱滿腔熱情、種種的憧憬和希望以及雄心壯志走向社會以後，每一代人都不會逃脫一個理想在現實中被擠壓、被毀損、被修正甚至完全破滅的過程。只不過，表現形式和結局的程度有所不同而已。這相通就是經典作品的根基，它反映了人類社會中普遍存在的事實，反應的是一個永恒的主題。

〔註3〕　譬如馬家爵（1981～2004），廣西壯族自治區賓陽縣賓州鎮馬二村人，雲南大學生化學院生物技術專業2000級學生，家境貧困，性格內向，2004年2月13日～15日，先後將和他有矛盾的4名同學砍死在宿舍後逃亡，被抓捕後，於2004年6月17日被依法執行槍決。

都成爲問題，那麼，人們就有理由認爲：這是一個非人道的、不合理的、毀滅良知的社會體制。因此，《桃李劫》與其說是對個案人物命運不公的控訴、與其說是芬芳桃李（青年知識分子）的劫難，倒不如說是全社會的劫難。所以這個社會有理由從存在和運作上被懷疑、被反抗乃至被毀壞——而且要使用非理性的手段和極端的暴力方式。

　　在左翼電影當中，形成社會不公、導致精英階層貧困和社會地位淪落的直接和具體的原因是階級問題。《桃李劫》的男女主人公的階級出身雖然沒有明確地交代，但顯然不屬於有錢階層，而是屬於依靠個人才智、升學畢業後從底層上昇爲社會精英的知識分子。而造成這對青年男女毀滅的直接兇手卻正是有錢階層—資產階級：

　　陶建平兩次辭掉待遇優厚的高級管理人員工作，原因都是因爲他不能接受經理爲追求經濟利益而漠視人命的卑鄙做法，這種做法對資方來說是爲了追求利益最大化，本屬尋常，但對陶建平來說卻萬難容忍，無法昧著良心遵照指示辦事，因爲這會擊穿他恪守的人性道德底線。陶建平第二次辭職的公司經理還是他當年的同學，當他憤而辭職後，曾對妻子黎麗琳抱怨：「那混蛋，一副資本家的面目，我在學校裏看他就不是一個好東西」。這不僅僅是對經理個人的人格評價，還是對經理所代表的資產階級的整體定性。

　　黎麗琳之所以丟掉秘書的工作，原因僅僅是她不能接受經理利用職權對她的強暴，她最後之所以悲慘死去，是因爲貧病交加、沒有錢及時救治。如果說，魯迅的小說《傷逝》（1927）反映了 1920 年代知識分子（精英階層）對社會生存困境的理性懷疑和感性批判的話，那麼，《桃李劫》就是以電影的方式，演繹了涓生和子君（《傷逝》中男女主人公）在 1930 年代新的毀滅版本。比《傷逝》更進一步的是，《桃李劫》將這懷疑和批判極端化、行爲化。

　　暴力性即暴力抗爭和暴力手段的展示和使用，一直是左翼電影的核心品質之一，亦是其用以解決社會性矛盾的主要手段之一，並始終與它對社會的批判性、對社會人群階級屬性的強調相關聯。從早期的左翼電影譬如《火山情血》（聯華影業公司1932年出品）所體現的個體暴力反抗，到1933年《母性之光》（聯華影業公司1933年出品）中的集體或階層、階級的暴力反抗，左翼電影的暴力性表現出內在的、極端的、一線貫穿的必然性。從表面上看，陶建平是在與警探的扭打中導致偵探被槍誤擊身亡的，但判決他死刑的根據卻是「槍擊公務人員」。換言之，偶然性在《桃李劫》中是必然性的體現，更不用說，判處死刑本身就是暴力的體制性體現〔註4〕。

　　對暴力的表現和歌頌，一方面是1930年代風靡全球的左翼思潮的行為意識，另一方面，左翼思潮的鼓吹者和實踐者也就是革命者，恰恰是左翼知識分子本身，其中許多人已經佔據社會優勢地位（包括經濟上先富起來的那些人）。所以，作為社會的精英階層，他們的所作所為也必然會成為全社會所矚目的中心，必然會成為文藝作品所反映和集中描寫的中心。在這個意義上，

〔註4〕 在今天，《桃李劫》很容易地被在讀的青年學生認為是「憤青」電影。《桃李劫》本來還有另一種結尾，現存的的悲劇結局處理，是當時政府電影檢察機關「勒令修改」的結果[1] P385。1935年2月21日～3月2日，中國派遣由周劍雲、胡蝶等7人組成的代表團，攜帶「明星」公司的《姊妹花》、《空谷蘭》、《春蠶》、《重婚》，「聯華」公司的《大路》、《漁光曲》，「藝華」公司的《女人》和「電通」公司的《桃李劫》，遠赴莫斯科[3]，參加「蘇聯電影工作者俱樂部」為「紀念蘇聯電影國有化15週年」舉行的國際電影節，結果「聯華」公司的《漁光曲》獲得「榮譽獎」[1] P338。就現在公眾能看到的左翼電影而言，《春蠶》和《漁光曲》不僅沒有暴力色彩，而且後者的結局最為光明和溫馨，對資產階級少爺和無產階級窮苦少女的美好情緣給予強有力的暗示，階級調和色彩最為濃鬱。

作爲左翼電影的《桃李劫》對暴力的展示，既有政治品質方面的考量，也有市場效應的顧及。

如果說，《桃李劫》的切入角度和敘事本體是建立在個體偶發性刑事案件基礎之上、也許是「電通」同人一時偏好、因此社會視野不得不受到局限的話，那麼，「電通」公司在第二年（1935 年）拍攝的第二部影片《風雲兒女》則證明，「電通」同人與左翼勢力已經在暴力性的價值認同上取得一致：主要人物梁質夫就是以秘密身份從事暗殺活動的左翼青年學生，並最終引導他的同學、詩人辛白華投身集團性正義行動（參加東北抗日聯軍），從而完成了從暴力到暴力正義的轉換〔註 5〕。因爲，就 1930 年代中國的左翼革命暴力指向而言，反抗日本帝國主義的民族戰爭和國內各政治集團的武力爭鬥，是它直接的生成背景和肥沃土壤〔註 6〕。

〔註 5〕《風雲兒女》的作曲者聶耳就是一個極好的例證。聶耳在他短暫的一生中（1911～1935）從來沒有參加過任何形式的暴力活動，但他的作品中的暴力意識的設置與暴力正義的轉換卻流暢自如：「起來，不願做奴隸的人們，把我們的血肉築成我們新的長城」（《義勇軍進行曲》）。顯然，這是時代的最強音，也是當時中國各階層人民在面臨異族武力侵略情形下被迫達成的共識，（請參見本書下一章對影片《風雲兒女》的整體討論）。

〔註 6〕需要注意的是，進入 1930 年代以後，知識分子的個體意識已經全然覺醒，民族、國家、政府、黨派和階層等概念與區分已經明顯地被區分開來。譬如愛國作爲人的天性和國民的一種本性，並沒有後來被黨派意識全然覆蓋和異化極端現象。所以《桃李劫》對社會的控訴，其矛頭不是指向民族或祖國本身，而是指向不合理的現實政治體制。製造和參與不合理的黑暗現實的那些階層和人群是要予以追究予以指責的，在左翼作品中，這些階層和人群就是政治獨裁集團、有錢階級，尤其是城市資產階級和鄉村地主階級。1949 年以後中國大陸社會和電影對資本家和地主的整體性仇視和極端表現，其思想資源大多來自於 1930 年代的左翼思潮。

丙、樸素性：《桃李劫》的藝術手法例舉

藝術手法和技術手段都是為內容和主題服務的（而不是相反），在技術主義病毒瘋狂侵蝕和損壞電影藝術的今天，對 1934 年的《桃李劫》的讀解就顯得更加必要。顯然，樸素性既是《桃李劫》的藝術特色，也是藝術創造的最高境界。

首先，《桃李劫》的樸素性體現在敘事方式和電影語言上。影片開始時的演職員表，沒有任何背景音樂，倒能聽見攝影機器輕微的工作噪音，這與其說是當時技術手段的制約，不如說這是技術簡約主義的天然情趣。影片從報紙上的新聞標題切入敘述，校長去看報紙，看完報紙就去找學生檔案，然後打電話安排探監（這個過程持續時間有數分鐘之久，同時配以校園中青年學生隱隱喧鬧的背景音效）；到監獄後見到獄方陳科長，校長在陳科長的引領下再見到男主人公，然後展開倒敘。看似笨拙的敘事流程其實更抓人。

倒敘從男女主人公的畢業典禮開始。典禮之後，男女主人公興高采烈的拿著文憑回到未來的婆婆的家裏，用老人家在病床上的講述，把女主人公的身世以及這對青年男女青梅竹馬的關係做了一個很自然的解釋：「自你母親死後，我一直把你當做我自己的女兒……」。否則從頭說起就會真的很笨，干擾敘事主體。然後老人家拿出一個存摺來說：「這個給你們結婚……」。影片在倒敘結束的時候「接」的技巧很見功力：男主人公逃跑時被警察追捕，他在泥濘中瘋狂地嘶叫，緊接著疊化為他在監獄鐵欄裏的沉默無語。

影片對細節的拿捏把握是《桃李劫》樸素性最好的說明，譬如監獄的陳科長（全名陳憲章，這個命名就很耐人尋味），在陪校長進入監舍後說：「我

還有點事情。少陪了。再見」。人物的身份、性格和做事的尺寸感躍然而出。
（對陳憲章——陳舊僵死的憲政體制——而言，跟將死之人有什麼好談的，殺就是了。空檔要留給校長和學生，也留給編導和觀眾）。當男主人公拿著校長給他看自己當年照片的時候，同監的另一個唯一的獄友也起身去看。

這個小的細節在全片結束時得到呼應：當法警將男主人公押赴刑場時，男主人公和校長告別，再和獄友道別，後者將他的臂膀緊緊一握——這裡面的潛臺詞相當豐富，留給觀眾進一步的解讀空間。換言之，影片中沒有被可以浪費和閒置的細節。再譬如女主人公被馬經理第一次約出去吃飯那場戲，大家都以為他們倆會有點什麼事，（馬經理就是這麼盤算的），這個感覺被女主人公敏銳地察覺到了，所以她要求丈夫寫一封信，結果信被辦公室雜役很不屑地丟到一邊。這個細節至少可以補充說明，這個女人不過是好色經理的又一個獵物而已。

樸素性並不意味著表現手法的粗糙，實際上《桃李劫》的手法是非常講究的，譬如男主人公第一次失業後，到處找工作，其中一個鏡頭，他拿著報紙，「招聘啟示」特寫，然後，鏡頭推在招「一人」兩個字上面，轉場，切換到人頭攢動的招聘現場，那麼多人就是為了搶這麼一個工作機會。手法簡單但意味豐富。

再如女主人公到馬經理的公司應聘交談時，鏡頭先是始終固定在辦公桌上的一尊肥豬塑像上，然後才是經理出鏡，介紹自己也是屬豬的。而在觀眾眼裏，同一屬性的命運卻是不同：馬經理顯露的是豬的貪婪淫蕩本性，女主人公作為書記（秘書）則是任其宰割的犧牲品。（在左翼電影中，男性有錢階級的背景大多意味著他道德上的敗壞和個人品行的不端。資產階級女性則必然更為淫蕩——譬如《風雲兒女》中的史夫人）。

　　《桃李劫》還有一個應該注意的鏡頭是，當男女主人公雙方失業回家之後，女主人公這時已有身孕。鏡頭先從鏡子當中的夫妻影像給過去，接著搖到妻子的腰，（暗喻著她的生育，以及未降生孩子的命運），然後再拉回到丈夫的身上，意味著矛盾和焦點的轉移。

　　在1920年代，中國電影的精神面貌還僅僅是屬於舊文化範疇和舊文藝形態的舊市民電影，熱血青年 VS 黑暗現實的題材一方面局限於家庭婚姻範圍，一方面往往會以大團圓的結局收場。1932年左翼電影興起後，早期中國電影終於跟上了時代的步伐，雖然晚了一步但它後來居上，不讓前人。

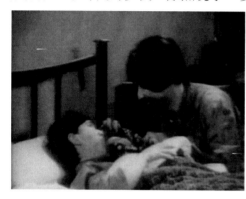 

丁、結語

　　在現在公眾能看到的1934年現存影片中，聯華影業公司出品的無聲片《神女》，與電通影片公司同年出品的有聲片《桃李劫》和次年出品的《風雲兒女》，既是經典左翼電影在無聲片時代和有聲片時代的代表，也是1936年之前中國電影最高創作水準的體現：《神女》從人性的高度顛覆和超越了階級、集團利益的世俗文化認知，《桃李劫》對造成精英階層不幸結局的非人道的社會現實予以徹底地批判和否定，《風雲兒女》則將左翼電影的宣傳性、思想性、藝術性完美的結合在一起。「左翼」不僅僅是《桃李劫》的外在色彩，更在於它內在的經典品質：對批判性、階級性和暴力性反抗的極端化強調，以及影片樸素的藝術處理和表現手法。

戊、多餘的話

　　子、經典作品的一個必要前提是時間量，它必須經過時間的淘洗，至少是要經過十年二十年，能經過歲月的磨煉選擇，（而如果說一個作品是好作品，則可以不必計較時間長短）。回顧1930年代的電影，顯然有很多經典之作，而

經典的標準之一就是依然能讓今天的人們爲之感動。古人講「開卷有益」，經典影片也是如此。「益」就是能給人提供常看常新的東西，經得起一再解讀。譬如《桃李劫》主題歌歌詞（田漢作詞，聶耳作曲），可以讓人溫故知新：

> 同學們，大家起來/擔負起天下的興亡！
>
> 聽吧，滿耳是大眾的嗟傷！
>
> 看吧，一年年國土的淪喪！
>
> 我們是要選擇「戰」還是「降」？
>
> 我們要做主人去拼死在疆場，
>
> 我們不願做奴隸而青雲直上！
>
> 我們今天是桃李芬芳，
>
> 明天是社會的棟梁；
>
> 我們今天是絃歌在一堂，
>
> 明天要掀起民族自救的巨浪！
>
> 巨浪，巨浪，不斷地增漲！
>
> 同學們！同學們！
>
> 快拿出力量，
>
> 擔負起天下的興亡！

丑、影片裏學生的畢業典禮場面讓今天的觀眾感慨良多：師生歡聚一堂，懇切交談，樸實無華；同學們畢業之際，校長問那個後來成爲陶建平老闆的資產階級同學，是否準備回到資本家父親的企業工作，那同學急忙表白：「我才不去那兒呢，免得讓人家說閒話」。在那個年齡、在那種氛圍下，年輕人都以依靠父母的勢力爲恥，認爲新青年就要有一種新觀念，更要有一種新生活。

這很正常，並不虛偽。你不能說那個商人的兒子老謀深算。學生時代，年輕人之間沒有太多的本質區別。

但人是社會關係的總和，一旦走入社會，他必然受到社會環境的制約，所謂人在江湖，身不由己。就資產階級少爺同學而言，他應該因爲家庭和社會地位的關係，耳濡目染，顯得更早成熟一些。在影片中，陶建平的死和他是有直接的關係的，編導運用的是由階級性衍生出來的邏輯關係（資產階級唯利是圖草菅人命），這並非沒有道理，從極端的角度說，它是成立的。雖然，現在的最新科學研究證明，人的道德觀念其實是與生俱來的天性，與教育和宗教背景無關[2]。然而，從階級的觀點分析，這又是資產階級得出的科學結論。眞正的結論恐怕只有自己的實踐最爲靠譜。

　　寅、所以，對《桃李劫》的當下解讀的意義之一就是它的現實指導意義。剛剛畢業走入社會，作爲男生，很多人會和陶建平一樣有著純潔的心靈和高尚的節操，總會拿著在學校裏接受的教育理念和善良的道德尺度衡量一切，絕不能夠容忍社會裏面那些骯髒的東西。雖然有的時候你會認爲你已經很老練了，好多事情都很懂的，但是眞要你做那麼醃臢的事情未必做的出來，或者你做的程度不夠。對於女生來說，可能就會碰到黎麗琳那樣的問題，譬如對你有不軌之心的領導、上司，可能不會像電影裏那樣以簡單的辭職來了結困境。但是毫無疑問，你會面臨這樣那樣的情況，或者換句話說，你會面臨這樣那樣的機會和誘惑〔註7〕。

〔註 7〕　本章作爲第 26 章收入《黑白膠片的文化時態——1922～1936 年中國早期電影現存文本讀解》前，主體部分（除了戊、多餘的話），曾以《電影〈桃李劫〉散論——批判性、階級性、暴力性與藝術樸素性之共存》爲題，發表於 2008 年第 2 期《寧波大學學報》（第 21 卷第 2 期，雙月刊）。特此申明。

初稿時間：2004 年 4 月 22 日
初稿錄入：饒頎璐、袁圓
二稿校改：2007 年 9 月 24～10 月 3 日
三稿改定：2007 年 12 月 30 日
校訂配圖：2015 年 1 月 24 日～25 日

參考文獻：

〔1〕程季華，中國電影發展史：第 1 卷〔M〕，北京：中國電影出版社，
1963。

〔2〕袁越，道德的起源〔J〕，北京：三聯生活周刊，2007（36）：126。

〔3〕胡蝶，胡蝶回憶錄（內部發行）〔M〕，劉慧琴整理，北京：新華出版
社，1987：106～107。

A Review of Film "Peaches and Plums Disaster": A Film Featuring Criticalness，Class Dependency，Violence Tendency and Plainness in Art

Abstract: Murders committed by farmers and workers always elicit different social reactions from those committed by college students. Therefore, even if intelligentsia have difficulties in their existence，there is every reason to believe that the society is inhuman and unreasonable，and that the social system fosters no social conscience. "*Peaches and Plums Disaster*" is more a complaint about a disaster to the whole society than about the unfair destiny befalling on individual characters and fragrant peaches and plums（young intellectuals）. Consequently，the society should justifiably be doubted，rebelled against，and destroyed by irrational ways and in a radical way in terms of its fundamental existence and system operations。

Key Words: leftist；criticalness；class awareness；violence；intelligentsia；intellectuals;

第拾肆章　宣傳性、思想性、藝術性及其基於市場性的敘事策略——《風雲兒女》（1935年）：有聲片時代經典左翼電影的巔峰絕唱和文化遺產

閱讀指要：

　　情場上最初的勝利者史夫人最終被拋離敘事場景，處於弱勢的阿鳳最後贏得了男主人公的愛情。這種翻來覆去的情感風波似乎游離左翼電影的主題思想，但實質上卻是左翼電影在愛情敘事策略背後階級性或曰階級立場的自然反映，也是左翼電影表達政治訴求的市場營銷手段。左翼電影出現於 1932 年，到 1935 年，其最高代表作品《風雲兒女》表明，中國左翼電影已經從整體上融宣傳性、思想性和藝術性於一體，並達到了完美的統一；影片在都市意識和電影市場意識規範下的敘事策略，既是出品方電通影片公司的製片路線從左翼電影向新市民電影轉化的基礎，也是一年之後新市民電影全面取代左翼電影成為唯一的中國主流電影的開始，而二者間內在的文化邏輯關聯值得注意。

關鍵詞：左翼電影；新市民電影；都市意識；市場意識；敘事策略；

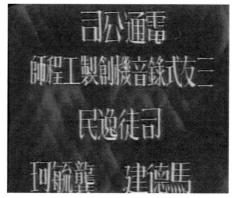

專業鏈接 1：《風雲兒女》（故事片，黑白，有聲），電通影片公司 1935 年出品。
　　　　　VCD（雙碟），時長 89 分 10 秒。
　　　〉〉〉【原作：田漢；**分場劇本：夏衍**】；**導演**：許幸之；**攝影**：吳
　　　　　印咸。
　　　〉〉〉 **主演**：袁牧之、王人美、談瑛、顧夢鶴、陸露明。

專業鏈接 2：原片片頭字幕及演職員表字幕（標點符號爲錄入者添加）

電通公司製片廠出品。電通。《風雲兒女》。

監製：馬德建；攝影：吳印咸；置景：張雲喬；

錄音：司徒慧敏、周驂；作曲：聶耳；

電通公司三友式錄音機創制工程師：司徒逸民、馬德建、龔毓珂。

演員表：

阿　鳳——王人美，		辛白華——袁牧之，
史夫人——談　瑛，		梁質夫——顧夢鶴，
徐家珍——陸露明，		鳳　祖——王桂林，
鳳　母——高逸安，		女房東——王明霄，
舞女甲——周　璇，		舞女乙——徐　健，
革命青年——陳重奕，		熱血青年——曾化林，
藝術家甲——黃　惶，		藝術家乙——樊伯滋，
藝術家丙——張　愕，		藝術家丁——潘丙心，
作家甲——王藝之，		作家乙——鄭展予，
作家丙——洪　凌，		作家丁——嚴　影，
老百姓——李也非。		

導演——許幸之。

專業鏈接 3：影片鏡頭統計

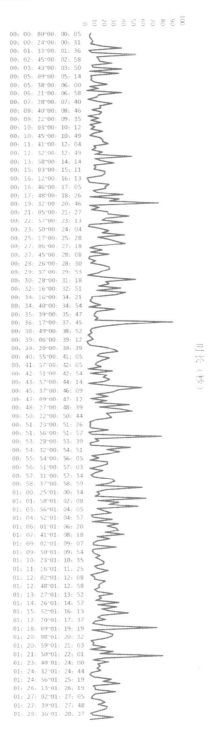

說明：《風雲兒女》全片時長89分10秒，鏡頭共324個，其中：

甲、小於和等於5秒的鏡頭65個，大於5秒、小於和等於10秒的鏡頭72個，大於10秒、小於和等於15秒的鏡頭49個，大於15秒、小於和等於20秒的鏡頭44個，大於20秒、小於和等於25秒的鏡頭34個，大於25秒、小於和等於30秒的鏡頭19個，大於30秒、小於和等於35秒的鏡頭13個，大於35秒、小於和等於40秒的鏡頭9個，大於40秒、小於和等於45秒的鏡頭6個，大於45秒、小於和等於50秒的鏡頭2個，大於50秒、小於和等於55秒的鏡頭3個，大於55秒、小於和等於60秒的鏡頭2個，大於60秒、小於和等於65秒的鏡頭1個，大於65秒、小於和等於70秒的鏡頭0個，大於70秒、小於和等於75秒的鏡頭1個，大於75秒、小於和等於80秒的鏡頭3個，大於80秒、小於和等於85秒的鏡頭0個，大於85秒、小於和等於90秒的鏡頭1個。

乙、片頭鏡頭10個，片尾鏡頭1個。

丙、固定鏡頭258個，運動鏡頭55個。

丁、遠景鏡頭8個，全景鏡頭76個，中景鏡頭77個，近景鏡頭91個，特寫鏡頭59個。

（數據統計與圖表製作：姜菲，核實：李泉雄）

專業鏈結4：影片觀賞推薦指數：★★★★★

甲、前面的話

在我看來，1932年出現左翼電影——其標誌是孫瑜編導、聯華影業公司出品的無聲片《野玫瑰》和《火山情血》，1933年明星影片公司出品的有聲片《姊妹花》（鄭正秋編導）和《脂粉市場》（張石川導演），則是新市民電影出現和形成的標誌。中國電影發展到1935年，一方面，左翼電影和新市民電影

在相互借鑒、相互競爭的同時，進一步確立了共同以主流電影姿態主導市場的格局，另一方面，二者在各自達到巔峰狀態時，新市民電影呈現出取代左翼電影、進而成為一年後主流電影唯一代表的趨勢。電影製片界的後起之秀——電通影片公司的生產與轉軌就是一個很好的觀照和考量平臺。

現在公眾能看到的、出品於 1935 年的 5 部影片，聯華影業公司出品的無聲影片《國風》和配音片《天倫》屬於高度疑似政府主旋律的或曰新民族主義電影，明星影片公司出品的無聲片《船家女》和電通影片公司出品的有聲片《都市風光》）屬於新市民電影，而電通影片公司出品的《風雲兒女》不僅是唯一的一部左翼電影，而且是有聲片時代左翼經典影片的最高代表。在此之後，左翼電影便基本轉型或消失——1936 年被新興的國防電影運動整合取代，到 1937 年，只能在其他類型的影片譬如新市民電影中，見識左翼電影的餘波和流風遺韻。實際上，《風雲兒女》是左翼電影發展到巔峰時期的一曲絕唱：在此之後的《都市風光》已經表明，製片方電通影片公司的製作路線，已經開始向國產片主流——新市民電影變軌轉移。

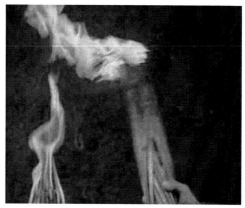

電通影片公司從 1934 年夏開始製片業務，到 1935 年冬結束時，一共出品了 4 部電影，除了《自由神》（1935）現在公眾無從得見外，其餘都是中國電影歷史不能不提及的作品：有聲片《桃李劫》（1934）和《風雲兒女》（1935年 5 月公映），不僅是藝術水準最高的年度重要影片，還是經典左翼電影的代表；《都市風光》是中國第一部音樂喜劇片[1] P391；而「電通」未能投拍的第 5 部影片《壓歲錢》於 1937 年轉交明星影片公司出品後，也成為新市民電影的經典作品。在中國國產影片市場基本被「天一」、「聯華」和「明星」三大影片公司把持瓜分的 1930～1937 年，電通影片公司絕對是一匹黑馬；同時，

「電通」以市場爲導向、由製作左翼電影起家而以新市民電影製作終結，也
預示著中國電影在 1930 年代中期的整體走勢。

乙、《風雲兒女》：左翼電影共同的模式、手法及其特色體現

現在公眾能看到的 5 部影片基本可以說明和代表 1935 年中國電影的大致
面貌：以《國風》和《天倫》爲代表的影片，取材和建立在舊市民電影基礎
上，政治話語被製片方主動引進電影製作，試圖以傳統文化倫理觀念整肅道
德人心，事實證明，這類與執政黨意識形態高度吻合的政府主旋律電影，不
僅落後於時代潮流，而且在思想和市場上收穫了雙重失敗；而以《風雲兒女》
爲代表的左翼電影、以《都市風光》與《船家女》爲代表的新市民電影，依
舊是當時各領風騷的主流電影和電影生產主流。作爲左翼電影的經典樣板，
《風雲兒女》和以往的左翼影片一樣，既有共通的模式、特徵，也有獨到的
成功因素和個性風貌。

首先，左翼電影作爲新的電影類型並躋身主流電影，是因爲有新的人物
形象出現。譬如《大路》和《神女》（均爲聯華影業公司 1934 年出品），主人
公分別是處於社會底層的農民工和性工作者，在《桃李劫》和《風雲兒女》
中，廁身社會精英階層的青年知識分子成爲主要的表現對象。這樣，左翼電
影既與以才子佳人爲主導形象的舊市民電影拉開了時代距離，也和以表現中
上層市民生活爲主的新市民電影在行爲意識上有所區別。

左翼電影中的青年知識分子，一方面是經濟和政治層面的被壓迫者，另
一方面，又是自身與大眾在這些層面強烈訴求的表達者和代言人。譬如《風
雲兒女》的男主人公辛白華雖然是詩人兼編輯，但他只能和同學梁質夫住在
簡陋的出租公寓中，進而與影片女主人公、同住在這個公寓的貧家女子阿鳳

相識。所以，辛白華對梁質夫說：阿鳳一家很可憐，我們應該幫助她，因為「只有窮人才能夠幫助窮人」。

其次，《風雲兒女》中的青年知識分子和《桃李劫》的主人公一樣，都是熱情的、希望以實際行動投身社會進步的有志青年，然而，他們的努力和夢想都難免失敗、破滅的結局。如果說，《桃李劫》的男主人公對社會不公的抗爭是以毀滅而告終的話，那麼在《風雲兒女》這裡，青年知識分子最終走上的是一條由個人暴力反抗融入集體暴力反抗的道路。因此，在《風雲兒女》裏面，一再出現和提及「山海關危急」、長城「古北口」抗敵和「東北義勇軍」等信息，這些都是當時政府明令禁止在電影中明確表現的日本侵華問題。影片借主人公之口號召民眾行動起來，「把我們的血肉築成我們新的長城」。這在當時絕不僅僅是熱血青年的愛國口號，也不是1930年代中國知識分子和電影製作的幼稚表現，恰恰相反，辛白華們的選擇既是時代潮流大勢所趨的結果，也是當時絕大多數知識分子、尤其是青年知識分子共同的歸屬 〔註1〕。

第三，左翼電影或者具有左翼傾向的電影，其共通的特色是「革命加戀愛」，《風雲兒女》也不例外，而且還是三角戀情。這種表述並非僅僅是貶義，因為它首先是對左翼電影類型和模式的一種概括，其次，就《風雲兒女》而言，這又是它新的特色。實際上所謂左翼，在政治上的表現就是激進和暴力革命，譬如反抗一切強權勢力、同情所有弱勢群體和個人，在情感生活上，

〔註1〕1930年代、尤其是抗戰前後，追求進步和民主、以奉獻和犧牲自己來參與和推進中國社會現代化進程，是當時知識階層尤其是青年知識分子的主動選擇。譬如當時知名的國立大學例如清華、北大，學習最優秀的學生大都同情和參加了左翼運動或共產黨組織：例如學習好的基本上都去參加共產黨，成績中下的基本上都出國留學去了 〔3〕。

則往往以另類和新新人類的面目出現，譬如，當阿鳳失去母親之後，辛白華和梁質夫兩個未婚男性不僅用稿費資助阿鳳上學讀書，而且生活在一起——觀眾都能注意到，導演給三人同居一室、阿鳳起床一個那麼長的鏡頭交代。如果說他們之間有什麼純潔的感情的話也是很正常的，但其行為意識及其角度卻是反世俗的。

　　這是影片很機巧的地方，為後來辛白華到東北追尋阿鳳埋下伏筆。在辛白華和阿鳳這條感情線索的敘述上，《風雲兒女》既有模式的束縛、又能最終回歸主題，這就是闊太太史夫人這個人物的介入；所謂模式的束縛是說，在左翼影片例如《風雲兒女》中，男女主人公的情感和愛情基礎是由階級性奠定的：辛白華之所以和阿鳳能有愛情發生和存在，原因既不是舊市民電影當中所慣常的「私定終身後花園」之類的兩情相悅，例如《西廂記》（民新影片公司1927年出品），也不是新市民電影當中的經濟因素，例如《脂粉市場》（明星，1933）和《女兒經》（明星影片公司1934年出品），而是因為男女主人公共通的階級屬性。

　　辛白華和史夫人之所以不能成就愛情，而只能是萍水相逢逢場作戲，根本原因也就在這裡。所以，編導對史夫人始終採取一種批判性的立場和態度、犧牲性的處理和手法，（包括刻意表現她的風騷妖豔和濃妝豔抹），這既是左翼電影對有錢階層——資產階級一貫的處理方式，也是為回歸影片主題服務的道具。

　　第四，左翼電影的立場和選取的角度毫無例外都是站在弱勢群體的一邊。《風雲兒女》中所有的主要人物譬如辛白華、梁質夫和阿鳳母女都是東北「九·一八」事變後逃難到上海的難民。在當時，這是一個人數眾多的社會

性群體，他們背井離鄉的生活處境和國破家亡的悲慘命運，更是一個有巨大社會影響的客觀存在。相對於還沒有淪為戰場的中國內地、雖已處於戰爭邊緣但還沒有淪為亡國奴的內地民眾，東北難民毫無疑問是當時社會性的弱勢群體之一。甚至，做為怨婦的史夫人本身也屬於這個特殊階層──她是在南方的廣東革命運動中富有階級的難民，不得不流落上海。

第五，所有的左翼電影和具有左翼傾向的電影都毫無例外的表現和提倡暴力抗爭和暴力革命。在《風雲兒女》當中，梁質夫因為一個朋友從事暗殺活動而受牽連被捕入獄。從表面上看，他似乎是局外人，而且暗殺行動針對的是奸商，但當時的觀眾和編導都明白，梁質夫們代表的就是從事愛國抗日行動的仁人志士（他們從事其實是抗日愛國的聖戰），所謂奸商其實指的是日軍。辛白華雖然一開始被動地捲入這場風波，但在經歷了彷徨、恐懼，尤其是在好友梁質夫戰死在抗日前線後，毅然加入了東北的義勇軍隊伍。

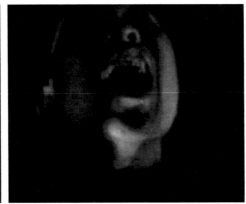

丙、《風雲兒女》中的都市意識和電影市場意識

左翼電影一般還具有鮮明的思想性、強烈的宣傳性（或曰鼓動性）的特徵，始終站在時代前沿，是社會先進理念自覺自願的傳聲筒和知識階層與民眾政治訴求的表達者和代言人，《風雲兒女》這樣表達時代的最強音：「為民族爭自由，為國家爭疆土」。所謂爭自由、爭疆土，當然是針對當時日本發動對中國的侵略戰爭。

思想性和宣傳性在早期的左翼電影中體現得非常強烈，例如聯華影業公司1932年出品的《野玫瑰》和1933年出品的《天明》、《母性之光》，但藝術性相對薄弱（只有《小玩意》例外）。而到了1934年，左翼電影的藝術性得到加強，經典性的作品開始出現，這就是聯華影業公司出品的無聲片《神

女》和電通影片公司出品的有聲片《桃李劫》；到 1935 年，作為左翼電影巔
峰時期的《風雲兒女》，事實上已經將思想性、宣傳性和藝術性完美地結合
了起來。

　　所謂左翼電影的藝術性，除了其作品的藝術成就和特色這種狹義的指稱
之外（有關《風雲兒女》的藝術成就我在後面會專門談及），還包含電影的都
市意識和市場意識這兩個層面。作為經典左翼電影的《風雲兒女》，不僅是思
想性、宣傳性和藝術性三者完美結合的樣本，還是電影都市意識和市場意識
得以完整體現的範例，它與 1937 年抗戰爆發前獨領風騷、成為中國主流電影
唯一代表的新市民電影存在著內在文化邏輯關係。

　　所謂的都市意識，指的是左翼電影有意識地將人物生活的背景設置在城
市，影片理念的傳達和人物的行為意識也是借助城市這個敘事平臺，或者直
接表現城市生活和人物。這一點之所以特殊，是因為在早期的左翼電影中，
由於強調對階級鬥爭理念的鼓吹和對弱勢階層的同情，所有影片幾乎全部將
故事背景和人物設置在農村，即使涉及城市生活或城市人物，也是為了突出
主題思想、進行意識形態層面的對比和批判，《野玫瑰》、《天明》、《母性之
光》、《小玩意》、《漁光曲》、《體育皇后》都是如此；《春蠶》、《惡鄰》和《大
路》則乾脆不涉及城市；而屬於經典左翼電影的《新女性》、《神女》、《桃李
劫》和《風雲兒女》，其背景不僅在城市，人物和行為意識則完全是城市化
的。

　　《風雲兒女》中的都市意識，與製片方「電通」公司的市場化製片方針
有直接關係。「電通」公司 1934 年出品的第一部影片《桃李劫》不僅是左翼
電影，而且是完全城市化的，但它將故事背景局限在上海，而且重點突出的

是知識分子出身的主人公在不合理社會制度和病態城市文化中的毀滅。就都市意識而言，《風雲兒女》的展示更為廣泛和深入，色彩也更強烈。譬如影片一開始就用字幕標明故事的背景地是1932年的上海，在標誌性的高樓大廈鏡頭之後，就是史夫人在洋房中用鋼琴彈奏《致愛麗絲》。這組鏡頭是都市意識的最好的注腳或者說是城市文化最好的代表。隨著情節的推進，男女主人公的行蹤又先後來到青島和北平〔註2〕。

「電通」的第三部影片《自由神》則更將杭州和廣州的城市背景包括進來[1] P389。「電通」出品的第四部影片《都市風光》和後來轉給明星影片公司拍攝出品的《壓歲錢》，其故事背景地也都放在上海。換言之，除了東北的哈爾濱和華東的南京（這兩座城市在1937年之後，成為由日本侵略軍扶持成立的「滿洲映畫協會」及其同一日偽系統電影拍攝活動的主要取景地）和華北的天津之外，當時中國的大城市幾乎都在「電通」影片中作為背景地出現。

都市意識的表現和強調不是為了單單展示城市生活和城市中的人物，而是為電影市場服務的，這就是所謂的電影市場意識（或曰市場賣點），在左翼電影中，它表現為無所不在的左翼思想和政治理念的宣傳。以《風雲兒女》為例，針對當時「九‧一八事變」後敏感的中日關係，影片直截了當地表明辛白華、梁質夫和阿鳳三個人分別來自遼寧、吉林和龍江，就是當時已經淪亡的東三省；針對民眾日益高漲的抗日情緒，影片為阿鳳的父親設置了死於

〔註2〕根據阿鳳的扮演者王人美的回憶，影片之所以選擇青島做為外景地，是因為和劇組熟悉的「聯華」公司的編導孫瑜在那裡有一處別墅，為了省錢，所以去了那裡[4]。

日軍轟炸上海的「一‧二八」背景，此外，更有「古北口血戰」、「熱河失守」
等報紙新聞標題強化戰爭氣氛〔註3〕。

　　因此，就市場需求而言，《風雲兒女》所攜帶和傳達的恰恰是全體民眾最
爲關注的、稀缺的時政信息。當時，以張學良爲代表的東北地方當局對日奉
行「不抵抗」政策，而以蔣介石爲代表的中央政府實施又是「攘外必先安內」
政治路線。國家處於危難，民族存亡在即，東北義勇軍率先奮起抗日，這種
嚴峻形勢凡我國人有目共睹，《風雲兒女》滿足了民眾的抗日政治訴求，順應、
反映了民眾的抗日呼聲，而影片插曲《義勇軍進行曲》風行一時，成爲《風
雲兒女》對現代中華民族團結崛起過程中最大的歷史和現實貢獻。

　　影片中特意爲阿鳳設置了流落到「新鳳歌舞班」（走江湖的歌舞班子）的
一場戲，它也是體現《風雲兒女》市場意識的一個註腳，因爲編導可以順理
成章地加入時興的電影歌舞元素。這些歌舞表演既可以當政治寓言看待，譬
如你可以把那段雙人舞理解爲壓迫與被迫反抗的關係，把阿鳳扮演的流亡歌
女的歌唱看作是《我的家在東北松花江上》的女聲劇場版；但如果把這段舞
蹈當作軟情色的露肉演出看待也未嘗不可——其實在現場觀看的辛白華就是
這麼理解和評價的——而這些都是專門爲滿足觀眾的口味需求特意安排的，
也就是出於加強影片觀賞性和娛樂性的目的。

〔註3〕　同時，左翼影片的暴力革命理念在《風雲兒女》中達到了前所未有的高度，即
　　　　正義暴力和暴力正義的合理轉換：既有梁質夫和他的同志先後投擲炸彈的個人
　　　　性暴力，也有後來辛白華投身抗敵隊伍即東北義勇軍的集體性暴力。影片開始
　　　　不久的一個細節就有很強烈的指示性，在辛白華和梁質夫出場的時候，細心的
　　　　觀眾會發現，生活在上海同一屋檐下的兩個年輕人，前者穿的是皮鞋，後者穿
　　　　的是居然是馬靴，其實這暗示了主人公後來參加暴力革命的前後順序。

左翼電影雖然在思想上持激進姿態，但從來沒有試圖降低它在藝術層面上的普及性、大眾性和通俗性。這是左翼電影之所以興起、并立刻躋身主流電影的根本原因和關鍵因素。在這一點上，即僅僅在藝術性統帥下的都市意識和市場意識兩方面，左翼電影和新市民電影存在著共同的、內在的文化邏輯關係。

丁、《風雲兒女》中的愛情敘事策略與新市民電影內在的文化邏輯

其實，最能說明《風雲兒女》市場意識的，是影片中以辛白華為中心的三角戀情，即他與史夫人以世俗情慾為主導的情愛線索，和他與阿鳳以共同命運為主導的愛情線索——而類似線索從來都是左翼電影表達政治訴求的市場營銷手段。

事實上，辛白華與史夫人之間的情感毫無疑問也應當歸入愛情範疇，只是編導只是予以表現而不予認定而已，因為這條線索的加入除了是為左翼的革命姿態和階級立場服務之外，還是製片商出於市場賣點的一種考慮，即左翼影片的愛情敘事策略，（新市民電影也同樣採取類似的手法）。

如果說，左翼電影就是革命（左翼的階級立場和暴力革命）加愛情再加諸多流行元素的組合的話，那麼，剔除左翼思想指導下的革命立場和階級暴力而只選取些許左翼元素，就是新市民電影，譬如明星影片公司 1933 年出品的《姊妹花》就是如此配置，立刻獲得了巨大的市場的回報並創造了第一個國產影片的高票房紀錄[1] P239。

在目前公眾能看到的所有的左翼電影中，《風雲兒女》的愛情線索最為豐滿和成功，同時也最為以往的電影史研究所忽略。忽略的原因在我看來，主要出於對政治歷史的考量，因為影片的插曲成為後來一個新生國家政權的代

國歌，而在不同政權之下展開的學術研究必然受到各種角度和層面的時代性和立場性制約。

其實，《風雲兒女》當中的情感線索雖說是涉及三角戀愛，但既無損於插曲的偉大，也無損於影片本身的經典地位。這些情感線索和影片插曲其實最能夠顯現編導的藝術功力；而且，這些組合元素的加入，本身就是建立在影片思想性、市場性和藝術性上的考慮。所謂藝術性的考慮指的是，就表現手法而言，三角戀情和影片插曲都是當時電影不可或缺的流行元素，在影片開始和結束的時候使用的《義勇軍進行曲》就是一個最好的證據支持。

之所以不能否認辛白華和史夫人之間的感情是愛情，是因爲愛情有諸多重要標準，其中之一就是奉獻和犧牲。史夫人和辛白華在雙方還沒有正式認識之前就相互傾慕，（辛白華同時也對阿鳳有好感）；就在辛白華走投無路、投宿無門、無處容身的艱難時刻，史夫人主動和坦蕩地收留了他困窘的身心——對史夫人而言，這是水到渠成的自然結果；對辛白華來說，也未必就完全是逢場作戲，萍水相逢、相濡以沫可能是最到位的實時描述；但在編導這裡，卻是批判性的情節設置。

因此，當阿鳳以辛白華準情人的身份再次出現在這對同居戀人的視野中時，史夫人表現出只有沉浸在熾熱愛情中的女性才有的寬宏大量和無私境界：她不僅沒有阻止阿鳳來找辛白華，相反她還主動陪同已經心猿意馬的辛白華遠上北平（辛白華實質上是要拋棄她去找阿鳳）。從愛情心理學的角度來判斷，這不是奉獻和無私又是什麼？

但是，情場上最初的勝利者史夫人最終被拋離敘事場景，處於弱勢的阿鳳最後贏得了男主人公的愛情。這種翻來覆去的情感風波似乎游離左翼電影

的主題思想，但實質上卻是左翼電影在愛情敘事策略背後階級性或曰階級立場的自然反映。因為所有的左翼電影中，愛情被劃分定性為兩種類型或性質，例如革命的愛情和不革命的愛情、乃至純潔的愛情和肉慾的愛情。顯然，《風雲兒女》中辛白華和史夫人之間的愛情屬於後者，辛白華和阿鳳之間的愛情屬於前者〔註4〕。所以辛白華最後還是離開她到東北追尋阿鳳了。

那麼，史夫人的生活和命運後來怎麼收場？這是影片不願意顧及的，但這個人物和這條線索的加入卻是被製片商充分考慮的，因為僅僅有辛白華和阿鳳之間所謂的革命愛情是不足以強化影片的號召力。換言之，從市場賣點出發、提升影片娛樂性、容納更廣泛的觀眾群體、覆蓋更大市場空間，左翼電影與新市民電影的追求既是是重疊的，也是二者間內在的文化邏輯所決定的。

因此，《風雲兒女》中愛情線索及其敘事策略還有另外一層特殊意義，它不僅表明著左翼電影發展到巔峰時期具備了向新市民電影變軌的內在品質，

〔註4〕當然，作為愛情角逐中的一方，史夫人不是沒有手段策略和技巧，問題是這種技巧和手腕沒有傷害別人，而且做得非常高明。譬如她知道辛白華要在家裏等著阿鳳來訪，她不能被動地傻等人家找上門來，所以她建議辛白華去海邊看風景，然後吩咐管家說如果有小姐來找少爺，就說我們去海灘上了。結果阿鳳到了海邊看到的是辛、史二人相依相偎的背影，只能選擇默默離去。與其說這是因為作為一個未婚少女，阿鳳的戀愛競爭能力有限，倒不如說史夫人棋高一著，用既成現實巧妙地迫使阿鳳自覺地退出。

其實，作為三角情愛關係格局中的一角，如果只從史夫人的具體處境和行為去分析的話，談瑛扮演的這個女性一直在做出她能夠做出最大的犧牲和最大的讓步。她的所謂手腕和小心眼，作為一個女人，她已經是做得相當之可以了。雖然辛白華和阿鳳相識在前，但史夫人的積極進取和直截了當的戰略戰術使她首先在這場角逐首先勝出──愛情本真面目的另一面，就是實質上本來沒有那麼多虛情假意的東西。

還具有和後來的新市民電影同樣的文化基因。事實上，1937 年明星影片公司
出品的《十字街頭》和《馬路天使》，之所以能夠在當時引起廣泛反響並影響
流傳至今，其中很重要的一個原因就在這裡。

　　作爲新市民電影的代表性作品，《馬路天使》和《十字街頭》在整體框架、
情節安排、人物形象乃至愛情線索和細節表現等方面，實質上是剔除了《風雲
兒女》中的左翼立場和暴力革命之後，在都市意識和市場意識兩方面的藝術性
繼承和光大〔註5〕。從小的方面講，《風雲兒女》中辛白華和阿鳳是樓上樓下的
房客關係，《十字街頭》中的失業大學生和女工是隔壁鄰居，男女主人公的情感
發展就圍繞在一層薄板展開，這是從《風雲兒女》中辛白華們從樓板縫隙窺視
阿鳳境況的細節衍生出來的；《馬路天使》中從個體抒情角度和民間文化立場所
譜就的插曲《四季歌》，則是對《風雲兒女》建立在民族主義立場上，飽含政治
革命和民族解放戰爭導向意味的《義勇軍進行曲》的補充闡釋〔註6〕。

〔註5〕　這兩部影片在中國電影史上常常被稱爲左翼電影，其實不是。原因很簡單，
　　　　左翼電影最主要的特徵和標誌是階級鬥爭、暴力革命尤其是群體性的暴力革
　　　　命，以及同情弱勢階層的階級立場，而《十字街頭》和《馬路天使》，除了主
　　　　人公是出自下層市民即屬於弱勢群體之外，很難再找出其他證明它們是左翼
　　　　電影的特徵，譬如兩部影片中一些影射中日關係和東北抗戰的細節和人物，
　　　　並不能完全等同左翼電影的抗日訴求和暴力革命理念；這兩部影片的主題，
　　　　與其說是表現主人公的底層生活，不如說是在男女青年們的愛情線索上的大
　　　　做文章——雖然，這裡面多少有電影檢查當局強力打壓的貢獻。
〔註6〕　有一個小小的細節證據，可以補充說明左翼電影和新市民電影之間的外在聯
　　　　繫，那就是新一代新市民電影明星周璇（1918～1957）的出現。周璇 1930 年
　　　　就加入「聯華」公司旗下的歌舞班，1935 年在《風雲兒女》中出演一個舞女
　　　　的小角色，1937 年被前「電通」主腦袁牧之挑選出任《馬路天使》的女主角
　　　　小紅；而扮演姐姐小雲的趙慧深，先前曾是左翼名劇《雷雨》的女主演 [1] P448。

　　從大的方面看，最能體現這三部不同類型影片中共同擁有的都市意識和市場意識的，是它們對男女主人公愛情線索的處理，也就是對愛情敘事策略的資源共享。如果說，《十字街頭》中男主人公的暴力救美促成了與女主人公愛情一場戲，是三角線索的變形演繹的話，那麼，《馬路天使》則襲用了《風雲兒女》的三角模式——不同之處在於，《風雲兒女》對男主人公的愛情認定是基於左翼的階級立場，肯定了革命的、否定了不革命的愛情；而《馬路天使》對男女主人公愛情的選擇和肯定，則來源於新市民電影的民間文化立場：因為，成年女性小雲和純潔少女小紅姐妹，雖然和《風雲兒女》中阿鳳一樣，都是來自東北的難民，但姐姐的性工作者身份，與其說不符合男主人公的愛情尺度（從底層生活的現實角度考慮，其實未必），倒不如說它無法滿足新市民電影的道德標準、審美要求和價值觀念。

　　在這裡。左翼電影的激進和新市民電影的保守，形象地表明了它們之間性質的不同〔註7〕。

戊、《風雲兒女》的藝術特色及其流風遺韻

　　作為新的電影類型和潮流，就現存的、公眾可以看到的影片而言，左翼電影和新市民電影分別在1932年和1933年先後出現，二者分別以「聯華」

〔註7〕　因此，瞭解了《風雲兒女》就不會對《馬路天使》和《十字街頭》有那麼偏差的評價，至少能夠初步判斷《十字街頭》和《馬路天使》不應當被歸屬為左翼電影。因為就現存的、公眾能看到的影片來看，左翼電影到了1936年已經轉型消失，被國防電影運動整合；1937年，新市民電影更徹底整合了包括國防電影在內的其他類型電影，成為中國主流電影的唯一代表。但是同年7月的七·七事變即抗日戰爭的全面爆發打斷了中國電影的歷史進程，使中國電影在抗戰8年之內倒退到1930年代初期的水平。

公司的《野玫瑰》、《火山情血》，和「明星」公司的《姊妹花》、《脂粉市場》
爲代表。就左翼電影而言，1935 年的《風雲兒女》表明，左翼電影的藝術和
技術水準譬如在攝影（畫面與構圖）、音響、歌舞等現代電影元素方面所取得
的成就，不僅幾乎無可挑剔，實際上是達到一個巔峰狀態。相對於早期左翼
電影，1935 年的左翼電影的觀賞性不僅大爲改觀，而且其審美觀念和價值判
斷，在影響社會上層即所謂精英階層的同時，其影響也擴展深入到下層民眾。

　　因此，首先要提到的，就是《義勇軍進行曲》的流行和歷史性貢獻。在
影片本身而言，這是音樂元素的有機融入，但它的文化內涵已經成功地融入
中國現代民族觀念和社會歷史文化進程，發揮著巨大的社會性影響。與新市
民電影比較起來，宣傳性和思想性雖然一直是左翼電影的強項，但藝術性相
對遜色，從現在公眾能看到的作品來看，左翼經典《風雲兒女》是爲數不多
的幾個例外之一（其它是《小玩意》、《神女》和《桃李劫》），即無論從宣傳
角度還是政治品質或藝術欣賞的層面，《風雲兒女》都是一個完美的結晶。而
影片插曲《義勇軍進行曲》，無論從何種意義上，都不能否認，它既是中國社
會在 1930 年代中期，時代和民族精神面貌的反映，也是中國現代藝術史上最
完美的音樂作品之一〔註8〕。

　　其次，《風雲兒女》的鏡頭語言體現出新一代知識分子的審美情調。對於
編導田漢和許幸之這樣曾經留學日本的新型知識分子而言，電影不僅是一種

〔註 8〕這個民族剛剛用鮮血和生命創造出一個民主政體（1912 年），又面臨著一個異
　　　族的侵略和統治（1931 年）。而那個異族（日本大和民族）原來也同樣是在大
　　　中華文化圈中哺育和成熟壯大的——這是在每一個中國人心中最深重的痛。
　　　無論什麼時候，作爲中國人聽到這首「進行曲」的時候，都會被擊中心中最
　　　柔弱的地方，更會深深地被其所傳達的信息、發出的呼喚所震撼。

新的藝術表現手段，而且還是帶有濃重個人美學風格的成熟作品。導演許幸之（1904～1991）早年畢業於上海專門美術學校，1920 年代中期曾赴日留學深造，1930 年代當選中國左翼美術家聯盟主席。他的美術修養和專業背景體現在影片中就是其構圖、畫面的細膩和考究。

譬如阿鳳到海邊尋找辛白華，看到他和史夫人的背影，給的是一個仰角鏡頭，主觀性極強，突出阿鳳的淒婉悲傷，打破了庸常的平視模式，大有深意；當辛白華在海邊目送阿鳳乘坐的輪船離開後，音樂漸起，辛白華在沙灘上寫下阿鳳的名字，海水湧來抹去字迹，這一組平緩的鏡頭映襯出上一組鏡頭的激烈情緒，象徵著其內心波濤起伏──所謂「於無聲處聽驚雷」就是如此。

阿鳳坐著驢車行走在北方高原上那一段，最能體現導演的用心：夕陽映照，呈斜線型的高原分割畫面，人、車漸行漸遠，配以傷感沉重的音樂。與其說此時的機位和構圖處理得老道、內斂，不如說它是出身南國的編導對北方風物的文化認知和感性表達；同時，又是在一定程度上傳達了內地知識分子對東北抗戰景象的集體想像。相對而言，其它的例證多是技巧圓熟的自然結果，譬如辛白華參加舞會的轉場處理，用他手中的請柬轉場，然後接入與史夫人的正式相識〔註9〕。

不論是 1920 年代的舊市民電影，還是 1930 年代的左翼電影和新市民電影，早期中國電影製作有一個很有意思的普遍現象，就是影片中的人物姓氏

─────────────────

〔註 9〕左翼電影和非左翼電影取得的藝術成就，在 1935 年之後到 1937 年之前一直向前發展，從偏狹特定的角度說，聯華影業公司 1936 年出品的《浪淘沙》是其最高代表。

基本和演員的姓氏保持一致，至少與演員的姓名多有關聯。譬如在很多影片
中，金焰就叫金哥，張翼喚成張羽，鄭君里呼作鄭君，韓蘭根就是韓小六子，
章志直因為長得胖大，所以就是章大，黎莉莉成了茉莉……，最著名的應該
就是《神女》，阮玲玉扮演的性工作者索性就叫阮嫂〔註10〕。

　　但這種具有傳統意味的行業習俗在1935年《風雲兒女》中被徹底改變。
譬如影片中的主要人物辛白華、梁質夫、阿鳳、史夫人，他們都和演員原有
的姓名（即袁牧之、顧夢鶴、王人美、談瑛）失去了關聯；至於一些次要人
物，譬如辛白華周圍的作家乾脆用甲乙丙丁直接命名。

　　實際上，電通影片公司出品的4部影片，從一開始就體現貫穿出著這種
新景象，這不僅僅是電影藝術形式的外在發展，更是左翼電影思想性、政治
性發展到巔峰時期的體現，是左翼－革命主題演進的必然結果。譬如在《風
雲兒女》中，人物的冠名和他的階級性、政治立場、價值取向，及其在此基
礎上所成立的、包括編導在內的審美取向，都有直接和必然的倫理邏輯關係：

〔註10〕給人的感覺好像編導根本不需要特別動什麼腦筋，如果演員是王小二，那他
　　　　演的人物就叫王小三好了，何必另外再起個名字。究其原因，應該追溯到1920
　　　　年代舊市民電影時期（乃至中國國產電影歷史形成初期）積澱成型的傳統。
　　　　從製片商的角度來看，模式化的電影生產製作流程和演員本身票房號召力是
　　　　最重要的考慮因素；從觀眾在消費傳統戲劇戲曲過程中所形成的審美心理的
　　　　角度來說，看戲看的是「角兒」（演員），而藝術作品中的人物姓甚名誰倒在
　　　　其次，因為戲劇戲曲的故事本身大家都是基本熟悉的；就電影藝術發展史的
　　　　角度而言，國產影片經歷著一個從商業（商品）生產（消費）到與藝術創作
　　　　合一、直至電影藝術本體獨立的過程。在這個意義上，《風雲兒女》正處在1930
　　　　年代中期，中國電影從單純商品生產消費向藝術產品市場開始成熟的拐點，
　　　　其貢獻實在讓人無從忽略。

　　辛白華的「白華」象徵著純潔正直中國知識階層；梁質夫更為直接，「梁」是中國社會的支柱，就是質樸的民夫（隱喻中國農民階級），辛白華和梁質夫的名字合起來，就是在先行覺醒的革命知識分子帶領下的中國廣大普通民眾的指稱〔註11〕。

　　而女主人公阿鳳這個名字的使用，之所以沒有與具有票房號召力的新一代明星王人美的名字在語義上產生任何瓜葛，一方面，是出於對影片中「鳳凰涅槃」的激進革命理念在民間立場上的通俗解釋，另一方面，阿鳳與辛白華、梁質夫一樣，在共同為左翼電影的階級性、立場性、革命性和暴力性提供直接服務的同時，又與當時和後來的、不同類型的新電影譬如新市民電影在政治屬性上劃清了界限〔註12〕。

　　同理，「史夫人」這個只有姓沒有名的命名方式，其實也大有講究。在影片中，所謂「史」，既不上口，也沒辦法和這個漂亮女人活潑進取的人生態度對

〔註11〕 辛白華這個人物的命名，在影片中並非具有自始至終的褒義即政治正確的一貫性。作為革命者和同路人，相對於梁質夫，辛白華顯然不具有先天優勢的革命性，因為他曾經主動投入資產階級太太史夫人的懷抱，走過一段彎路，屬於迷途知返、最終回到革命隊伍和人民陣營中的、可以教育好的青年系列。所以，編導才在「辛」（隱喻勞苦）與「華」（明喻中國）之間給他加了一個「白」字，成為「白華」；結果，「白華」與「白俄」──當時中國社會對共產主義的蘇聯十月革命後逃亡來華難民對稱呼──又形成衍生出語義學上的巧妙對應，其中不無褒貶。

〔註12〕 《馬路天使》中的女主人公小紅，這個名字看似「革命化」，實際上它只是賣唱歌女的藝名或職業符號，因此在本質上，小紅和舊市民電影中的淑珍（淑貞）、巧珍或家珍乃至愛玲之類並無本質上的不同：因此，同年由「明星」出品的《船家女》，女主人公就還是沿用阿玲（徐來扮演）這樣的非革命化姓名，因為這是一部新市民電影。

接，但之所以如此處理，是因為「史」和「死」同音（當時電影中的國語發音因人而異，並不標準），取的是「死亡夫人」，即行將死去的資產階級闊太太的意思——要是在新舊市民電影中，這樣的人物一定要被稱作譚小姐或譚太太。

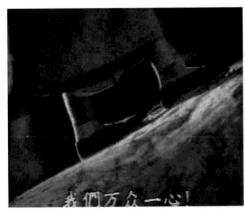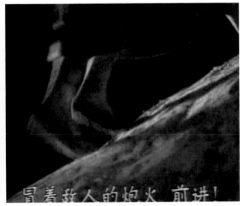

因此，《風雲兒女》對人物姓名的政治化考量和傳統層面的革命，既成為中國電影姓名政治學源頭，又奠定了1949年後，中國大陸電影姓名政治學的階級倫理基礎〔註13〕。

《風雲兒女》用「抗敵」隱喻已經在中國東北爆發的抗日戰爭，是由於當時的政府電影檢查當局不允許影片直接出現和抗日相關的字樣〔註14〕。但

〔註13〕 換言之，《風雲兒女》又為1949年後中國大陸電影對1930年代左翼電影的狹隘、片面的繼承，提供了豐富的姓名索引和取用資源。電影人物姓名與階級性、革命性與否的掛鉤聯動機制，在1950年代後期就得到強化，到1966～1976年「文革」時期達到頂峰，並完成了政治姓名學的民間普及和低端政治消費：凡是反面人物、壞人，無論姓或名（往往連姓帶名），都是不好的，與政治面貌和道德品質直接等同，譬如刁德一、胡傳魁（《沙家浜》）、胡漢三（《閃閃的紅星》）等；因為在政治上否定消滅資產階級，因此和資產錢財有關的姓氏也被納入這個範疇，譬如金秧子（《戰地紅纓》）、錢守維（《海港》）、以及《龍江頌》中的王國祿——諧音「亡國（的）祿（金錢）」；而正面人物的姓名者無不正氣凜然，譬如趙勇剛（《平原槍聲》）、江水英（《龍江頌》）、郭建光（《沙家浜》）……。

〔註14〕 1937年7月7日中國開始全面抗戰之前，民國政府對本國電影製作最大的政治迫害就是不准正面涉及日本侵略問題，這導致包括左翼電影在內國產影片根本無法正面表現日本侵略者的形象。其後患就是在抗戰期間直至抗戰勝利後，中國電影一直沒能拍攝出讓人滿意抗戰電影。大陸在1949年後的電影製作也一直沒有很好地解決這個歷史遺留問題，譬如日軍形象被簡單化和模式化——直至2000年，偉大的中國導演姜文拍攝了史無前例的《鬼子來了》（華藝影視娛樂有限公司、中國電影合作製片公司出品）。《風雲兒女》當中有這樣一句臺詞：詩人應該是為大眾而歌頌的詩人。在當時，這實際上是知識階層對自身的藝術定位，……。

和同時期甚至兩年以後的影片如 1937 年的《十字街頭》比較而言，《風雲兒女》中相關的明確指示卻是相對較多的，譬如 1933 年 3 月中日兩國軍隊在長城古北口之戰（梁質夫就犧牲在這裡），不僅有報紙的新聞標題和軍隊馬蹄的鏡頭，還有梁質夫沒有明確身份的女朋友許家珍的轉述。電影檢查當局之所以對此網開一面，沒有進一步的刪減措施，這可能是因為，在此與日軍展開血戰並取得慘勝的 112 師，是屬於張學良「東北軍」、而不是民國政府的正規軍（中央軍）的緣故[2]。

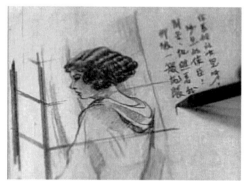 

己、結語

　　1935 年的《風雲兒女》表明，左翼電影已經從整體上融宣傳性、思想性和藝術性於一體，並達到了完美的統一；同時，影片中所體現的都市意識和電影市場意識，既是「電通」公司的製片路線從左翼電影向新市民電影轉化的基礎，也是 1936 年之後新市民電影全面取代左翼電影、成為唯一的中國主流電影的開始。換言之，「電通」在出品左翼電影《風雲兒女》之後，緊接著就轉向新市民電影《都市風光》的生產，對於以生產左翼電影起家、成功進入競爭激烈但空間相對狹窄的國產影片市場的「電通」公司而言，其製片路線的轉換，意味著 1930 年代中期，中國電影市場潮流和觀眾審美取向的變化。正是在這個意義上，《風雲兒女》作為左翼電影的最後一曲凱歌，在為左翼電影的輝煌歷史提供了一個完美結局、為 1949 年後的大陸電影輸送片面編碼的思想資源和藝術基因的同時，又為當時以新市民電影為代表的中國電影的持續發展留下豐厚的文化遺產。

庚、多餘的話

　　子、就人物形象的塑造而言，談瑛扮演的史夫人不僅性格鮮明、氣質逼

人，甚至比影片的女主角都要出彩，因爲她具有前者所不具備的嫵媚、成熟和性感。就故事的框架而言，談瑛可以說是整個影片的靈魂人物，抽去了這個人物影片的故事框架就會坍塌，敘事也就不可能這樣豐滿：試看同是 1935年的《船家女》（明星影片公司出品）就沒有出現談瑛這樣的人物，結果整個影片就流於模式化、庸俗化，進而成爲在品格上低於左翼電影的新市民電影。

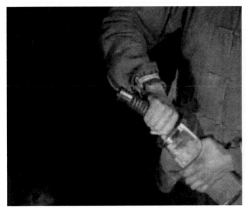

　　丑、影片中 1930 年代女性服飾直到現在，都不失新潮前衛。譬如有周璇出演的那場舞蹈，舞女的長靴應該就是當時的時尚裝束之一（就女性裝束而言，短靴更符合女性嬌柔的氣質）；談瑛扮演的史夫人，每次出場不僅服飾不同，腰帶和手袋也絕無雷同，這些都給人以無限感慨。說是「風水輪流轉」似乎不能說明問題，它涉及的是社會潮流、城市品位和民眾精神現代化的問題。

　　寅、《風雲兒女》中每每讓人感慨的一句臺詞是：爲民族爭自由，爲國家爭疆土。在現在人類可以展望的歷史緯度中，我相信這還是一句振奮人心的

警世名言。至少，這些銀幕上的、屬於 1930 年代的中國知識分子形象讓人肅然起敬〔註 15〕。

初稿時間：2004 年 4 月 21 日
初稿錄入：饒頵璐
初稿校錄：呂月華
二稿時間：2007 年 10 月 31 日
二稿錄入：李慧新
三稿校改：2007 年 11 月 4 日～17 日
四稿改定：2008 年 1 月 4 日
校訂配圖：2015 年 1 月 26 日～27 日

參考文獻：

〔1〕程季華，中國電影發展史：第 1 卷〔M〕，北京：中國電影出版社，1963。

〔2〕張傑，從世家公子到愛國將領──記我的父親張廷樞〔J〕，北京：人物，2007（8）//北京：作家文摘〔J〕，2007-8-14：2。

〔3〕韋君宜，思痛錄（最新修訂版）〔M〕，北京：文化藝術出版社，2003：62。

〔註 15〕本章的主體部分（除了戊、《風雲兒女》的藝術特色及其流風遺韻之部分以及庚、多餘的話），在作爲第 29 章收入《黑白膠片的文化時態──1922～1936 年中國早期電影現存文本讀解》之前，曾以《左翼電影的藝術特徵、敘事策略的市場化轉軌及其與新市民電影的內在聯繫》爲題，發表於 2008 年第 3 期《湖南大學學報》（長沙，雙月刊）。現在的閱讀指要是成書版和雜誌版「內容提要」的合成。特此申明。

〔4〕王人美，我的成名與不幸——王人美回憶錄〔M〕，解波整理，北京：
團結出版社，2007：126。

The Inner-link Between the Artistic Features of Left-wing Films, the Marketing Orientation of Its Narrative Strategy and the Emergence of New-citizen Films

Abstract: The Left-wing films emerged in 1932 and by 1935 had achieved perfection in terms of promotion of socialist morality and artistic forms, which can be seen in its most representative production *"Children of Troubled Time"*. This film features a narrative strategy conditioned by city visions and film marketing consciousness, thus becomes the basis of the Dian Tong film company's switch from left-wing to traditional new citizen films, setting the stage for traditional new citizen films to replace left-wing ones as the only mainstream Chinese film type. It is precisely the cultural logic within this transition that this paper is concerned about here。

Keywords: left-wing film; traditional new citizen film; city and marketing consciousness; narrative strategy;

第拾伍章 在國防電影運動和新市民電影潮流中存留的《孤城烈女》——「泣殘紅」：1936 年左翼電影的餘波回轉與部分基因的隔代傳遞

閱讀指要：

　　對 1949 年後的大陸觀眾來說，1936 年的《孤城烈女》是熟悉的老故事：出身貧寒的女主人公遭受性侵犯，男主人公投身革命隊伍回來報仇雪恨之時，女主人公用身體擋住敵人的機槍換取了最後勝利，在犧牲前還要深情地一再殷殷寄語、展望未來……。1936 年，在國防電影運動和新市民電影的合流夾擊下，左翼電影如《孤城烈女》，多少顯得落後於潮流變遷、成為左翼電影大潮過後的餘波回轉。其當下的解讀意義在於：影片為當時左翼電影留下新時代的印痕並在最終定格於歷史背景的同時，又從一個特定角度，為 1949 年後大陸新中國電影文化和電影藝術提供了強大的思想支持和藝術資源。

關鍵詞：左翼電影；國防電影；電影市場；政治倫理；基因；

專業鏈接 1：《孤城烈女》（原名《泣殘紅》，故事片，黑白，無聲），聯華影業
公司 1936 年出品。VCD（雙碟），時長 88 分 26 秒。
>>> **編劇**：朱石麟；**導演**：王次龍；**攝影**：陳晨。
>>> **主演**：陳燕燕、鄭君里、尚冠武、韓蘭根、恒勵。

專業鏈接 2：原片片頭字幕及演職員表字幕（標點符號為錄入者添加）
《孤城烈女》。主演：陳燕燕、鄭君里、尚冠武。
演員表：

陳依依——陳燕燕，

張正克——鄭君里，

劉三爺——尚冠武，

陳　舅——李君磐，

阿　根——韓蘭根，

周老爹——洪警鈴，

周　妻——黃筠貞

周　子——殷秀岑，

副　官——費柏清，

馬　弁——溫容，

革軍間諜——恒　勵。

導演：王次龍；編劇：朱石麟；攝影：陳晨；布景：張漢臣；
錄音：金祥乙；劇務：王仰樵；音響：傅繼秋；剪輯：費俊庠。

專業鏈接 3：影片鏡頭統計

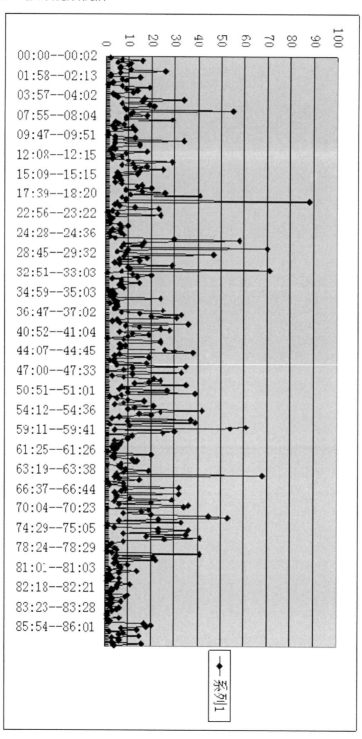

　　說明：《孤城烈女》全片時長87分35秒，鏡頭共389個，其中：

甲、小於和等於5秒的鏡頭140個，大於5秒、小於和等於10秒的鏡頭107個，大於10秒、小於和等於15秒的鏡頭43個，大於15秒、小於和等於20秒的鏡頭33個，大於20秒、小於和等於25秒的鏡頭19個，大於25秒、小於和等於30秒的鏡頭13個，大於30秒、小於和等於35秒的鏡頭12個，大於35秒、小於和等於40秒的鏡頭7個，大於40秒、小於和等於45秒的鏡頭4個，大於45秒、小於和等於50秒的鏡頭1個，大於50秒、小於和等於55秒的鏡頭3個，大於55秒、小於和等於60秒的鏡頭1個，大於60秒、小於和等於65秒的鏡頭1個，大於65秒、小於和等於70秒的鏡頭2個，大於70秒、小於和等於75秒的鏡頭1個，大於75秒、小於和等於80秒的鏡頭0個，　大於80秒的鏡頭1個。

乙、片頭鏡頭8個，片尾鏡頭1個；字幕鏡頭0個，其中交代劇情的鏡頭0個，交代人物鏡頭鏡頭0個，對話鏡頭0個。

丙、固定鏡頭360個，運動鏡頭29個。

丁、遠景鏡頭6個，全景鏡頭135個，中景鏡頭108個，近景鏡頭92個，特寫鏡頭38個，空鏡頭1個，片頭片尾字幕9個。

（數據統計與圖表製作：玄莉群，核實：李㮾雄）

專業鏈結4：影片觀賞推薦指數：★★☆☆☆

甲、前面的話

　　就中國1949年前的電影歷史而言，一般人們所說的或印象中的「1930年代中國電影」，在時間上實際上指的是從1930年至1937年7月〔註1〕。這一

─────────────────────

〔註1〕從7月7日「蘆溝橋事變」即「七‧七事變」後，中國進入全面抗擊日本侵略的民族解放戰爭直至1945年8月慘勝，這一段又單獨劃為「抗戰時期的中國電影」，其政治、經濟和包括電影在內的文化性質，都和電影史中任何一個時期有本質的不同。

時期，國產影片市場基本被聯華影業公司、明星影片公司、天一影片公司瓜分覆蓋。這三大電影公司大致又分爲新、舊兩派。聯華影業公司組建於 1930 年，主創人員基本上是接受過新式高等教育和具有國外科班留學背景的知識分子，由於沒有捲入盛行於 1920 年代國產武俠神怪片的潮流，更強調電影自身的藝術特性，被觀眾視爲新派；而分別成立於 1922 年和 1925 年的「明星」公司與「天一」公司則屬於「舊派」[1] P155。

新與舊從來都是相對而言。1910 和 1920 年代，早期中國電影和西方各國的電影一樣，都是城市現代文化新的構成成份與文化消費市場的新產品。早期中國電影從最初的奇風異俗、噱頭鬧劇的展示到後來對黑幕情仇、婚姻倫理的熱衷，始終呈現出典型的市民文化的低端特徵，到 1920 年代末期，興盛一時的武俠神怪片算是國產電影中比較新穎的類型。1932 年，以聯華影業公司出品孫瑜編導的《野玫瑰》和《火山情血》爲標誌，早期左翼電影出現；它的特點是在仍然保留市民電影的結構性要素和傳統表現手法的同時，在題材、主題、人物形象和審美趣味上展示了新的面貌，譬如在婚姻戀愛題材上以新式男女情感替代才子佳人故事，主題上以階級意識替代傳統倫理觀念，人物形象以青年學生取代老爺太太、少爺小姐，新知識分子的審美趣味和觀照角度，與相對低俗的市民文化品位迥然有別。

1933 年，面對聯華影業公司以左翼電影左右電影市場的趨勢，老牌的市民電影生產中心明星影片公司和天一影片公司發揮自身的傳統優勢，大力借助左翼電影的諸多元素和剛出現的有聲電影新技術，對市民電影改造革新，成爲新市民電影，其標誌是「明星」出品的《姊妹花》，影片創造了第一個國產電影高票房的歷史記錄[1] P239。從 1933 年到 1935 年間，左翼電影與新市民電影不僅徹底終結了舊市民電影及其時代，而且在一直以時代潮流和電影市場爲導向展開激烈競爭的同時，不斷地相互交流滲透。

　　1936 年的大背景是，日本繼完成對中國東北的侵佔後又實際上控制了華北地區，國內階級矛盾和黨派政治角鬥開始逐漸被中日民族矛盾所壓倒；年初，在支撐左翼電影思想資源的中國左翼作家聯盟宣佈解散的同時，上海電影界救國會成立，以攝製「鼓吹民族解放的影片」爲主要宗旨的國防電影運動正式興起[1] P417。

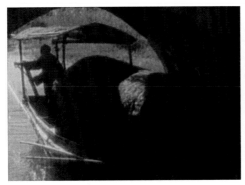

乙、《孤城烈女》：左翼電影在 1936 年的餘波回轉和顯性基因的隔代傳遞

　　1936 年留存至今、公眾能看到的 5 個影片中，屬於國防電影的只有聯華影業公司的《狼山喋血記》和新華影業公司的《壯志淩雲》；而明星影片公司的《新舊上海》屬於新市民電影的經典。在「聯華」出品的兩部影片中，《浪淘沙》是不屬於任何已有類型的新電影〔註 2〕，《孤城烈女》則是典型意義上的左翼電影。

　　國防電影的宗旨和指導思想，在左翼人士看來，是在救亡圖存的前提上，呼籲不同階層、流派的藝術作品「集中到抗敵反漢奸的總流」、形成「民族統一戰線運動」[2]；在政府當局看來，目的是「發揚民族意識」並「推廣國難時期電影教育之功效」[1] P422。從現存僅有的兩部國防電影來看，國家意識的培養和民族抗敵信心的強化等宣教意義，成爲唯一的亮點。明星影片公司雖然也提出了「爲時代服務」的製片方針響應國防電影運動[1] P425，但新市民電影的製作依然是其當年的主流產品，它對抗日救亡思想的體現依然像當年對左

──────────────────

〔註 2〕　由於其極具現代電影特徵，我暫且把它命名爲新浪潮電影（請參見《黑白膠片的文化時態──1922～1936 年中國早期電影現存文本讀解》第 33 章的專題討論）。但後來我覺得《新浪潮》應該劃分爲左翼電影或國防電影。對這個問題的進一步思考已有數篇文章詳加討論，但至今還沒有機會發表。

翼電影元素的借助一樣，或明或暗、或多或少地交織進影片以滿足市場需求、
順應時代潮流——當然，直到 1937 年 7 月抗日戰爭全面爆發之前，官方出於
大政方針的考量，一直對所有電影中直接的抗日表述予以政策上的禁止和壓抑。

　　作為電影生產，左翼電影和新市民電影一樣，在製作和投放市場流程中，
既有一定的滯後性，又有相對的電影類型的獨立性。全面民族戰爭的日益臨
近和國防電影在諸多屬性上與左翼電影的趨同，迫使左翼電影迅速終止其歷
史使命和發展進程，不得不走向邊緣直至完全退出時代主潮。實際上，左翼
電影中人的物形象塑造和嚴格的二元對立模式基本被國防電影繼承，而左翼
電影中的暴力意識、激進立場則被寬泛地整合：其反抗對象和革命矛頭從對
立階級和階級鬥爭被調整轉化爲以敵我矛盾象徵的中日民族矛盾。因此，在
一定程度上，新興的國防電影運動，或許更應該在整體上可以被看作是左翼
電影在 1936 年的轉型。

　　而純粹意義上的左翼電影如《孤城烈女》，在當時一方面多少顯得落後於
潮流變遷、成爲左翼大潮過後的餘波回轉，另一方面，也爲左翼電影在新時
代留下難能可貴的印痕，並在最終定格於歷史背景的同時，又從一個特定角
度，爲 1949 年後大陸新中國電影文化和電影藝術提供了強大的思想和藝術資
源。

　　左翼電影有很多判定的標準，譬如對當下不合理社會現實的批判和激進
表達，對弱勢群體、下層民眾的人文關懷和道德頌揚、對以資產階級爲代表
的強勢階層及其道德體系的徹底否定、以及暴力革命的貫穿等等。

　　《孤城烈女》顯然符合上述大多數標準。影片非常明確地將時代背景標
明是 1927～1928 年國民革命軍取得勝利前後，它所描述的消滅地方軍閥的戰
爭歷程，明顯符合左翼電影以暴力革命整體否定舊世界、創建新社會和新政

權的標準。女主人公陳依依出身貧寒，道德情操高尚，不僅愛情上忠貞不二，還能在民眾面臨險境時犧牲一己、拯救集體，尤其是犧牲了中國女性一般不可能犧牲的東西（肉身貞節）。與弱勢群體相對應的，是以周老爺為代表的有錢階級（土豪劣紳）和以劉三爺為代表強勢階層（反動軍閥），他們不僅政治上反動，而且道德水準低下，譬如為富不仁、趁人之危、恃強凌弱。

　　左翼電影歷來強調階級性的暴力反抗和暴力革命，並由窮人（無產階級）反抗有錢人（城市裏的資產階級和鄉村中的地主階級），進而引發兩個階級之間暴力對抗和暴力革命，而《孤城烈女》對此的展示是具體的和貫穿始終的，譬如女主人公的男友最後參加了北伐軍並最終報仇雪恨、消滅了敵對勢力、強勢階層……以上凡此種種，與其說《孤城烈女》完全符合左翼電影諸多基本模式的要求，不如說它直接證明了影片的確是左翼電影的正統屬性，只不過，它出現和行將消失在國防電影運動和新市民電影主導中國國產電影市場的1936年。

　　實際上，在7月7日抗戰全面爆發之前的1937年，就現存的、公眾可以看到的影片而言，電影市場幾乎是新市民電影的一統天下，左翼電影只能在《聯華交響曲》、《前臺與後臺》（均為聯華影業公司1937年出品）中發現短篇殘餘；而1937年～1945年抗戰期間，新市民電影在國民黨統治區的發展也被迫中斷〔註3〕；1945～1949年期間，左翼電影精神得到些許恢復，譬如不合

〔註3〕抗日戰爭期間，地緣政治基本上統攝了中國電影製作。在淪陷區和日、偽佔領區，譬如東北、上海和南京，新市民電影左右逢源、迅猛發展──敵我雙方在電影生產一致的地方，是對電影宣傳功能的重視和強化；在國民政府控制的地區，新市民電影也不得不讓位於以反戰救亡為唯一宗旨的泛國防電影──對這一問題的展開討論，請參見我有待日後出版的「1937年～1945年抗戰時期中國電影研究」一書。

時宜但卻極具反叛的左翼色彩的《小城之春》（李天濟編劇、費穆導演，文華影業公司 1948 年出品），新市民電影則迅速恢復元氣，譬如史東山編導的《八千里路雲和月》和蔡楚生編導的《一江春水向東流》（崑崙影業公司 1947 年出品）進入市場後，再次刷新了國產電影的高票房記錄。

1949 年後，左翼電影階級意識、暴力革命元素和二元對立模式被納入大陸政治話語體系，並以逐漸極端的方式強化其意識形態宣教功能。所以，對 1949 年後的大陸觀眾來說，1936 年的《孤城烈女》是雖然陌生但卻極為熟悉的老故事：出身貧寒的女主人公遭受性侵犯，男主人公投身革命隊伍回來報仇雪恨；女主人公不僅捨生取義，在危機關頭用身體擋住敵人的機槍換取自己隊伍的勝利，而且在正式犧牲前還要深情地一再殷殷寄語、展望未來、看著革命事業從一個勝利走向另一個新的勝利……。

丙、「泣殘紅」：原著的深度開掘和左翼電影隱形基因生成的根源

本來，《孤城烈女》的主題思想起點非常之高。影片是根據法國作家莫泊桑（1850～1893）的著名小說《羊脂球》改編的，拍攝時命名曰《泣殘紅》，完成時才改成現在的名字 [1] P482。這不僅是片名的改變，更多的恐怕是反映了出品方和編導對思想和主題上的本土化的置換改造。

《羊脂球》發表於 1879 年，講的是在普魯士（統一前的德國）與法國戰爭期間（1870 年 7 月 19 日～1871 年 5 月 10 日），一群由法國貴族、富商、修女和一名外號叫「羊脂球」的性工作者伊麗莎白乘坐的公共馬車被敵方扣留，而放行的條件是這名性工作者必須陪普軍軍官過夜。伊麗莎白小姐先是嚴辭拒絕，後來在同行者們的請求誘勸下改變初衷做出犧牲，結果渡過難關後她遭到眾人加倍的冷落和鄙視。顯然，小說原作絕不是一個獵奇的豔情故事，它挖掘和展示的，也絕不是國民性、階級性或男性視角的性侵犯或者性

佔有這樣的範疇所能包容的。實際上，《羊脂球》對伊麗莎白小姐處境和痛苦的展示，是對處於道德困境下人性的深度挖掘。

這種道德困境從不同角度來看，有不同的理解和標準。在那些所謂體面的上等人看來，「羊脂球」的肉體其實是沒有資格上昇到愛國主義和情操氣節的高度，因爲你的職業性決定了你和誰都是交易；何況你的這次「賣」，還能把大家解救出來。這裡實際上有一個已經預設的、錯誤的道德尺度，就是一個以肉體交易爲生的女人，本沒有什麼性道德和性貞節可言。之所以說這種尺度是不對的，是因爲它抹煞、屏蔽、否定了伊麗莎白小姐作爲一個個體主體所具有的諸種權利，譬如性權利、肉身使用權和交易自由權。

這是常人最容易犯的一個常識性錯誤。因爲從小姐伊麗莎白的角度來看，其他人的要求絕對是無理的。而最終問題的解決，與其說是她屈從了眾人的懇請，倒不如說是她跳出了一般人的道德認知層次，從而做出了一般人做不到的犧牲。經典藝術作品的豐富內涵在於它暴露和揭示出人性中最爲醜陋、骯髒、陰暗的死角──它恰恰也同樣存在於包括你和我在內的所有人的內心最深處〔註4〕。

改編後的《泣殘紅》──《孤城烈女》，在對女主人公相同的道德困境的呈現和展示上，帶有比原著更爲強烈的、更具中國本土色彩的政治功利考量，而這種政治功利考量所產生的倫理遮蔽效應，與 1949 年後大陸電影中的人物行爲意識及其表述，存在著政治、社會和藝術範疇內直接的邏輯關係。

〔註4〕人性當中更多的是你感知不到的東西，也就是弗洛伊德所說的那個「本我」。西方文化的精神源頭在於《聖經》的支撐，認爲上帝和魔鬼同在，從人性上來說，就是神性和魔性共存於人。這種看法顯然要優於東方式的尤其是中國的傳統分類：聖人、惡人、好人、壞人……。因爲那樣一來，識人論世就很麻煩。譬如你把牛二看作學界惡棍、校園流氓，那他爲什麼還被樹爲「師德標兵」？

　　在原著中的政治色彩譬如愛國主義之類並非其作家所要闡釋的主旨，但是在《孤城烈女》中，軍閥司令要佔有女主人公的行為，卻被加入一個鮮明的政治倫理限定。未婚美女陳依依的犧牲，並非僅僅是出於解救鄉親危難的需要，軍事行動勝敗也不是其真實理由，能否成為滿足革命事業成功的必要條件才是最終目的。正因如此，影片才特地安排了一個混入逃難人群的革命軍間諜，在女主人公拒絕敵方的無理要求而處於同伊麗莎白小姐相同的道德困境時，他拿出身份證件和機密文件曉以大義，並最終引導出一個以革命的、正義的名義獲得完勝的結局。

　　現在看來可笑的是，那個情報人員攜帶的那些會要他命的東西居然沒有被敵方發現，（影片對軍閥部隊強盜式的搜身搶掠難民個人財產有細緻的表現）。這不是編導在細節編排上的疏漏，恰恰是影片編導有意為之的。換言之，女主人公的犧牲，從根本上就不是超越自身、解救眾人的問題，而是革命成功與否的關鍵；它的政治功利性和倫理性的表述是明顯而直白的，這就是，個人的犧牲並不涉及個體本身的價值與尊嚴，它實際上是以集團黨派面目出現並取得勝利的一個必要的、合乎政治倫理要求的組成部分。

　　因此，這個女人的犧牲不僅在所難免（因為她美麗），而且是順理成章（集體利益高於個人權益），她的犧牲不再是一個道德困境中的人性悲劇，而是一個在政治倫理的道德教唆下正義必勝的喜劇。而且，這個美麗女人犧牲的，不再局限於個人肉身貞節層面，還有在1949年以後電影藝術中政治倫理學領域的示範效應。在男性強勢構建的中國傳統倫理道德體系中，女性的肉身貞節高於生命本身，女性貞節的喪失往往意味著她的一切價值（性別價值、社會價值和經濟價值）、一切意義（人生意義、生活意義和生存意義）都無所依存寄託。

　　1930年代中國左翼電影的偉大功績之一就是打破和顛覆了這種傳統的、反人性的價值觀念與意義判斷，譬如揭示和頌揚性工作者的經典影片《神女》（聯華，1934）。但由於左翼電影的發展進程被抗戰爆發打斷終止，左翼電影本身的局限性沒有來得及進一步克服和突破。檢索一下左翼電影中的女性人物形象系列就會發現，一旦她涉及性缺陷（性道德的「瑕疵」），即喪失肉身貞節或感情出軌，儘管大多數情況下是被迫或無奈的，則大多被安排了死亡或不幸的結局：

　　《天明》（聯華，1933）的女主人公因爲雖然是因爲捲入革命行動被執行死刑，但她卻有做過性工作者的身份背景；《母性之光》（聯華，1933）中的女主人公因爲改嫁而不被革命者的前夫接納；《小玩意》（聯華，1933）中的女主人公是因爲失去兒女發瘋，但她曾經有過一個感情上的情人；《新女性》（聯華，1934）中的女主人公因爲生活所迫、有一夜情的過錯，儘管沒有實際發生但還是被安排了一個生死未卜的結局；《神女》中的阮嫂因爲憤而殺夫入獄服刑，她職業化的性工作者身份實際上大於其殺人犯的社會意義；《風雲兒女》（電通，1935）中的史夫人因爲以已婚身份引誘過革命青年而被戀人拋棄。

　　1936年的《孤城烈女》中的女主人公的結局也是死刑——以革命和正義的名義。

 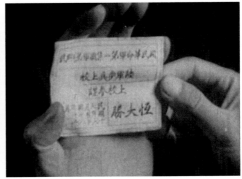

丁、結語

　　因此，你會發現，左翼電影中女性的貞節，實際上包括肉體貞節和政治道德貞節這兩個層面，二者相互作用、互爲前提。直白地說，雖然她們具有革命階級所賦予的天然的政治道德屬性和內在品質的純潔性，但是一旦喪失肉體貞節甚至情感貞節，（不論是被迫的、無奈的還是偶然的——這些情況都

可以在上述影片中找到對應的例證），就必須付出包括死亡在內的沉重代價以完成自身的道德救贖。

就此而言，1936 年的《孤城烈女》與 1933 年的《天明》有著驚人相似的內在邏輯：作爲革命者、政治正確和正義代表的化身，她們的死亡並非是因爲革命行爲暫時失敗的偶然結果，而是因爲其喪失了肉體貞節在先；明白了這一點你就會明白，爲什麼這兩部間隔 3 年之久的左翼電影在處理女主人公最後犧牲的場面時，同樣是那麼地反覆拖沓、喋喋不休（表白、囑託、展望、牽掛），《孤城烈女》還要讓女主人公最終看到勝利、看到自己的戀人率領隊伍衝上城頭才閉眼（她是被重機槍射擊很久後才被扶將起來的）。

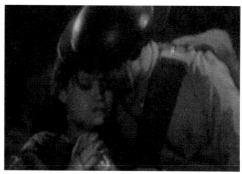

如果說，左翼電影的階級意識、暴力革命元素和二元對立模式，是 1949 年後納入大陸電影政治話語體系的顯性基因的話，那麼，女性肉體貞節和政治道德貞節間互爲前提的必然聯繫，則是它的隱形基因，而且二者又是在一個更爲狹窄的思想領域裏和藝術空間中，被有選擇地激活、複製、放大並最終貌似成功地完成隔代傳遞〔註5〕。

需要說明和強調的是，左翼電影自始至終都顯示出特有的探索進取精神和相應的思想高度，其成就不僅遠遠高於與之競爭市場的新市民電影，而且也高於新興的國防電影。新市民電影會讓你覺得很好看，但多少總是受制於平面化的世俗生活，國防電影則始終無法突破宣傳大於藝術的瓶頸。大多數左翼電影往往會讓觀眾無法迴避深層次的東西，因爲，這些深層次的東西，是要伴隨著人的生命一直存在著的，從而迫使人們不能不思考生命中的不能承受之輕所帶來的沉重思考：這是左翼電影的魅力所在。

〔註 5〕本來，左翼電影天然的激進本質不應該是一個如此面目，因爲多元化空間是它生成和發展的前提，所以我說它是貌似而非真傳；但 1949 年後大陸電影對左翼電影部分基因有選擇的激活和改造卻是顯而易見、毋庸置疑的事實[4]。

　　雖然，1936年的《孤城烈女》繼承了左翼電影沒有來得及克服的歷史性局限，但至少表現出試圖挖掘人性複雜的努力。不幸的是，努力的結果最後被狹隘的政治倫理片面地利用、功利性地強化。「牆外行人、牆內佳人笑。笑漸不聞聲漸消，多情卻被無情惱」（宋·蘇軾：《蝶戀花》），任何一種電影類型都不能隻身承擔歷史荒謬的無情擠壓。

戊、多餘的話

　　子、《孤城烈女》雖然刻意安排了女主人公的非正常死亡，但也就此提出了一個發人深省的問題：一個受到性侵害的女人，到底有沒有繼續生存的權利和可能？1949年以後的大陸電影中，這樣的女性人物及其表現日漸稀少，似乎只有1950年的《白毛女》（東北電影製片廠攝製）；到1960年代，對政治貞節的強調又擴大到男性人物身上[3]。

　　丑、所謂「羊脂球」的綽號，無非是形容伊麗莎白小姐的白嫩豐滿，（考慮到她的職業背景，中文翻譯已經相當文雅，現在的意思無非是性感熟女或肉彈而已）。而對應於《泣殘紅》——《孤城烈女》的譯名，也可以看出從舊市民電影到左翼電影的過渡痕跡。原因在於，左翼電影和新市民電影都是在舊市民電影的基礎上脫胎換骨而來，本片的導演王次龍和編劇朱石麟又出身於舊市民電影時代；影片片名的更迭，還可以看出「聯華」與其他製片公司的不同之處。這就不難理解，吳永剛的《神女》為何會產生在「聯華」——可以設想，這種題材，如果放在天一影片公司，很可能就會拍成一個「軟性電影」；假若放在明星影片公司，可能會有批判和諷刺，但最後一定是皆大歡喜的新市民電影。所以，「聯華」在1936年從外國名著中選取了一個故事力挺左翼電影，這與其說是編導的功勞，不如說是「聯華」公司的價值取向和製片路線的慣性使然。

　　寅、影片中，男女主人公相互思念之時，導演給了一個明月高懸的夜景。這是取「風高放火天，月黑殺人夜」之反義，很能看出知識分子的審美趣味品位──因爲同樣的場景，在明星影片公司同年出品的《新舊上海》中，就被配以男女主人公躺在床上慶賀彩票中獎的歡聲笑語；其他兩處場景的處置，則與左翼電影對舊市民電影模式和元素繼承的結果：人們在乘船逃難的途中，一個青年學生問一個聾子現在是幾點，結果那聾人掏出一支粉筆來在黑板上寫出時間，（那時的鄉下人逃難不可能隨身帶著粉筆）；瘦子韓蘭根和胖子殷秀岑搭檔出演的滑稽段落，同樣是專門用來調節氣氛和舒緩節奏的，（順便要提及的是，女主人公的扮演者陳燕燕，雖然沒有韓蘭根那樣大的名氣，但也是1930年代「聯華」公司的當紅女星之一）〔註6〕。

初稿時間：2007年4月29日
初稿錄入：宮浩宇
二稿改定：2008年2月3日～8日
校訂配圖：2014年12月28～29日

參考文獻：

〔1〕程季華，中國電影發展史：第1卷〔M〕，北京：中國電影出版社，1963。

〔註6〕除了戊、多餘的話外，本章的主體部分在作爲第35章收入《黑白膠片的文化時態──1922～1936年中國早期電影現存文本讀解》一書之前，曾以《〈孤城烈女〉：左翼電影在1936年的餘波回轉和傳遞》爲題，發表於2008年第6期《青海師範大學學報》（南寧，雙月刊）。現在的閱讀指要是成書版和雜誌版「內容提要」的合成：注釋4中的黑體字是成書時被刪除的部分。特此申明。

〔2〕周揚，現階段的文學〔Z〕//程季華，中國電影發展史：第1卷〔M〕，北京：中國電影出版社，1963：418。

〔3〕袁慶豐，愛你沒商量：《紅色娘子軍》——紅色風暴中的愛情傳奇和傳統禁忌〔J〕，渤海大學學報，2007（6）：58～64。

〔4〕袁慶豐，政治和藝術示範的標本——超級女聲《白毛女》〔J〕，渤海大學學報，2007（6）：49～57。

A Girl in Isolated City: 1936's Chinese Left-wing Films and Their Gene's Skipping Generation

Abstract: Influenced by national defense films and traditional new citizen films in 1936, a left-wing film — *A Girl in Isolated City* — appeared to fall behind the time, catching the last left-wing touch. Nowadays the significance of the film is that it has both left-wing character and new times mark, and against the history background, it has provided a strong spirit support and art resources for new Chinese mainland films shot since 1949。

Key words: left-wing film; national defense film; film market; political ethics; gene;

第拾陸章　《聯華交響曲》：爲什麼成爲左翼電影和國防電影的合成灌裝——1937年7月全面抗戰爆發之前中國電影主流的複雜面貌

閱讀指要：

　　聯華影業公司於 1937 年 1 月公映的《聯華交響曲》，既是公司歷史上僅有的一部集錦片，也是左翼電影餘緒和新興的國防電影的雙重疊加。除費穆編導的《春閨斷夢——無言之劇》極爲出色外，其他短片大多乏善可陳。這意味著失去了黎民偉和羅明祐的聯華影業不僅從此失去了在藝術創新上的活力，也預示著「聯華」此後將轉向並加入更加主流和商業化的新市民電影的生產大潮。影片現今相對較高的觀賞推薦指數，主要來自於費穆編導的驚人之作《春閨斷夢——無言之劇》。這部小規模、大手筆的影片，無論是對電影製作還是對電影觀眾，至今仍有學習和禮贊的價值。

關鍵詞：新市民電影；國防電影；左翼電影；《兩毛錢》；費穆；《春閨斷夢——無言之劇》。

專業鏈接 1：《聯華交響曲》（短篇集，黑白，有聲），聯華影業公司 1937 年 1
月出品公映。VCD（雙碟），時長 102 分 45 秒。

專業鏈接 2：原片片頭字幕及演職員表字幕（標點符號爲錄入者添加）

《兩毛錢》

【編劇：蔡楚生；導演：司徒慧敏；攝影：□□□】。

【主演：藍蘋、梅熹、沉浮】。

《三人行》

編劇、導演：沉浮。

職員表：攝影：黃紹芬、沈勇石；布景：許可；劇務：孟君謀；
錄音：鄺護。

演員表：老韓——韓蘭根，老劉——劉繼群，老殷——殷秀岑，
債主——費柏青，寡婦——傅桂鳳，女兒——周因因。

《鬼》

編劇、導演：朱石麟。

職員表：攝影：周達明；布景：張漢臣；劇務：王仰樵；錄音：鄺贊。

主演：黎莉莉，恒勵〔註 1〕。

〔註 1〕因爲我把這 3 部影片歸爲左翼電影形態，所以特別提前顯示其相關信息。《聯
華交響曲》中其他 5 部短片（我認爲應該劃入國防電影）的原片頭字幕及演
職員表如下：
《春閨斷夢——無言之劇》：編劇、導演：費穆。職員表：攝影：黃紹芬；布
景：許可；劇務：祝宏剛；錄音：鄺贊。演員表：少女——陳燕燕、黎灼灼，
兵士——張翼、裴沖，醉徒——洪警鈴。
《陌生人》：編劇、導演——譚友六；造意——楊海立。職員表：攝影：周達明；
布景：張漢臣；劇務：孟君謀；錄音：鄺贊。演員表：父（老梅）——鄭君里，
媳（金環）——白璐，子（小梅）——劉瓊，客（陌生人）——溫容。
《月夜小景》：編劇、導演：賀孟斧。職員表：攝影：周達明；布景：許可；
作曲：沙梅；錄音：鄺贊；劇務：邢少梅。演員表：盜——李清，老人——
宗由，流浪人——羅朋，妓——嚴斐。
《瘋人狂想曲》：導演：孫瑜。職員表：攝影：黃紹芬；布景：張漢臣；錄音：
鄺贊；劇務：邢少梅。主演：尚冠武，梅琳，葛佐治。
《小五義》：編劇、導演：蔡楚生。職員表：攝影：陳晨；布景：張漢臣；劇
務：孟君謀；幹事：屠恒福；錄音：鄺護。演員表：老何——王次龍，老李
——殷秀岑，小五義——苗振宇、曹維東、葛佐治、唐根寶、周因因，鄉紳
——沈石□。

專業鏈接 3：《兩毛錢》《三人行》和《鬼》的影片鏡頭統計

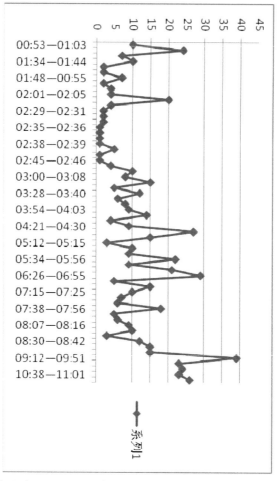

說明：《聯華交響曲·兩毛錢》全片時長 10 分 34 秒，共 62 個鏡頭。其中：

甲、小於和等於 5 秒的鏡頭 23 個，大於 5 秒、小於和等於 10 秒的鏡頭 19 個，大於 10 秒、小於和等於 15 秒的鏡頭 8 個，大於 15 秒、小於和等於 20 秒的鏡頭 2 個，大於 20 秒、小於和等於 25 秒的鏡頭 6 個，大於 25 秒、小於和等於 30 秒的鏡頭 3 個，大於 30 秒、小於和等於 35 秒的鏡頭 0 個，大於 35 秒、小於和等於 40 秒的鏡頭 1 個，大於 40 秒、小於和等於 45 秒的鏡頭 0 個。

乙、片頭鏡頭 1 個，片尾鏡頭 0 個；字幕鏡頭 0 個，其中交代劇情的鏡頭 0 個，交代人物鏡頭 0 個，對話鏡頭 0 個。

丙、固定鏡頭 41 個，運動鏡頭 20 個。

丁、遠景鏡頭 0 個，全景鏡頭 25 個，中景鏡頭 13 個，近景鏡頭 16 個，特寫鏡頭 7 個。

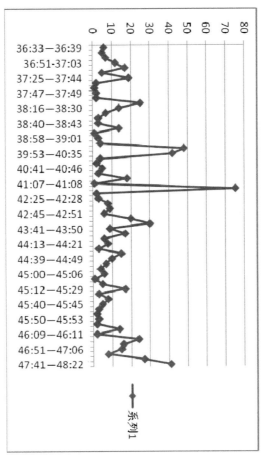

說明：《聯華交響曲·三人行》全片時長 11 分 49 秒，共 64 個鏡頭。其中：

甲、小於和等於 5 秒的鏡頭 29 個，大於 5 秒、小於和等於 10 秒的鏡頭 14 個，大於 10 秒、小於和等於 15 秒的鏡頭 6 個，大於 15 秒、小於和等於 20 秒的鏡頭 7 個，大於 20 秒、小於和等於 25 秒的鏡頭 2 個，大於 25 秒、小於和等於 30 秒的鏡頭 2 個，大於 30 秒、小於和等於 35 秒的鏡頭 0 個，大於 35 秒、小於和等於 40 秒的鏡頭 0 個，大於 40 秒、小於和等於 45 秒的鏡頭 2 個，大於 45 秒、小於和等於 50 秒的鏡頭 1 個，大於 50 秒、小於和等於 55 秒的鏡頭 0 個，大於 55 秒、小於和等於 60 秒的鏡頭 0 個，大於 60 秒、小於和等於 65 秒的鏡頭 0 個，大於 65 秒、小於和等於 70 秒的鏡頭 0 個，大於 70 秒、小於和等於 75 秒的鏡頭 1 個。

乙、片頭鏡頭 4 個，片尾鏡頭 0 個；字幕鏡頭 0 個，其中交代劇情的鏡頭 0 個，交代人物鏡頭 0 個，對話鏡頭 0 個。

丙、固定鏡頭 49 個，運動鏡頭 11 個。

丁、遠景鏡頭 0 個，全景鏡頭 19 個，中景鏡頭 30 個，近景鏡頭 9 個，特寫鏡頭 2 個。

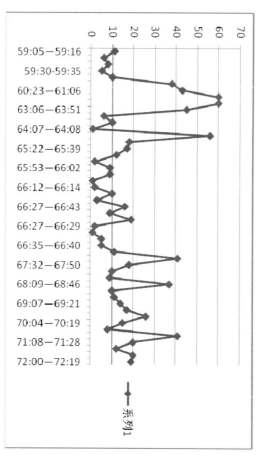

說明：《聯華交響曲‧鬼》全片時長 14 分 24 秒，共 49 個鏡頭。其中：

甲、小於和等於 5 秒的鏡頭 10 個，大於 5 秒、小於和等於 10 秒的鏡頭 13 個，大於 10 秒、小於和等於 15 秒的鏡頭 7 個，大於 15 秒、小於和等於 20 秒的鏡頭 9 個，大於 20 秒、小於和等於 25 秒的鏡頭 0 個，大於 25 秒、小於和等於 30 秒的鏡頭 1 個，大於 30 秒、小於和等於 35 秒的鏡頭 0 個，大於 35 秒、小於和等於 40 秒的鏡頭 2 個，大於 40 秒、小於和等於 45 秒的鏡頭 4 個，大於 45 秒、小於和等於 50 秒的鏡頭 0 個，大於 55 秒、小於和等於 60 秒的鏡頭 3 個。

乙、片頭鏡頭 4 個，片尾鏡頭 0 個；字幕鏡頭 0 個，其中交代劇情的鏡頭 0 個，交代人物鏡頭 0 個，對話鏡頭 0 個。

丙、固定鏡頭 33 個，運動鏡頭 12 個。

丁、遠景鏡頭 0 個，全景鏡頭 22 個，中景鏡頭 10 個，近景鏡頭 12 個，特寫鏡頭 1 個。

（以上數據統計與圖表製作：朱洋洋，核實：李棗雄）

專業鏈接 4：現今影片觀賞推薦指數：★★★★☆（針對全片）

《聯華交響曲》的片頭是全體編導演集體歌唱的背景，這也許是黎民偉、羅明祐等元老被迫離開公司後，新老闆吳性栽對內穩定人心、對外維護既有品牌效應的應急舉措。

甲、前面的話

　　在「七・七事變」爆發之前，1937 年出品的中國影片，現存的、公衆可以看到的只有 10 部。這些影片都是有聲片，其中聯華影業公司名下的有 5 部，即《聯華交響曲》、《前臺與後臺》、《如此繁華》、《春到人間》和《王老五》；屬於明星影片公司的 3 部，即《壓歲錢》、《十字街頭》和《馬路天使》；新華影業公司 2 部，即《夜半歌聲》和《青年進行曲》。

　　從時間順序上看，《聯華交響曲》的上映時間爲 1937 年 1 月 [1] P473，應該是本年度國產電影市場上最早上映的影片之一。從影片內容/主題思想以及影片類型上看，上述 10 部影片除了新近在內地市面上出現的《春到人間》是國防電影之外，絕大部分都可以歸在 1933 年興起的、以第一部國產高票房電影《姊妹花》（明星影片公司出品）爲標誌的新市民電影的大框架內，即使是曾經被定性爲國防電影的影片如《青年進行曲》[1] P473，在我看來也是如此。

　　而 1937 年年初，聯華影業公司出品的《聯華交響曲》，其以國防電影爲主、左翼電影爲輔的雙重疊加特性，使得它在本年度由新市民電影引導的國產電影生產主潮中顯得比較特殊；同時，又與孫瑜編導的國防電影《春到人間》有著製片策略上的內在聯繫。

　　這是一個被稱爲「集錦片」的短片集，由 8 個短故事片組成，其樣式被認爲是當時中國電影史的一個「新的體裁」，「差不多『聯華』所有的導演和演員都參加了這部集錦片的創作工作，就這一點來說，它又很像『明星』拍攝的《女兒經》」[1] P473。這裡有兩點需要稍作注解和澄清：

　　第一，在影片「差不多」的創作名單中，並不包括曾作爲聯華影業公司業務與藝術主導的重要核心人物和主要創辦人的黎民偉與羅明祐，二人已經在1936年8月因爲年初拍攝的第一部有聲片《浪淘沙》市場反響不佳而被迫退出「聯華」[1] P457，同時退出的還有鍾石根、金擎宇等編導[1] P458；而作爲《浪淘沙》導演的吳永剛，也因此轉入新華影業公司另謀發展[1] P461。

作爲1937年的第一部影片，《聯華交響曲》顯然是公司內部發生重大變化後直面市場的產物，結果產生了早期中國電影史上絕無僅有的一部集錦片。（《聯華交響曲》片頭）

　　第二，《聯華交響曲》與《女兒經》僅僅是在外在形式上相彷彿，影片性質則截然不同。《女兒經》出品於3年前的1934年，雖然說也是集中了明星影片公司幾乎所有的編、導、演大牌人員，由胡蝶扮演的人物串場講了包括自身經歷在內的8個相互關聯卻不密切的故事，但主題思想卻是一線貫穿的，影片是在繼承舊市民電影傳統的主題思想和藝術元素、同時及時吸收新興的左翼思想元素的基礎上整合興起的新市民電影：既對以往的舊市民電影中的道德觀念、人物類型風格和藝術表現手法多有保留，又不乏當時時興的左翼電影中經常出現和使用的新理念、新人物〔註2〕，而《聯華交響曲》中的8個短片，完全是各自獨立的編導創作，主題、風格不盡相同，只不過，出於凝聚公司集體形象和影片發行層面的商業考量，捆綁在一起打包上市而已。

〔註2〕《女兒經》（故事片，黑白，有聲），明星影片公司1934年出品，VCD（三碟），時長159分。編劇：編劇委員會；導演：李萍倩、程步高、姚蘇鳳、吳村、陳鏗然、沈西苓、徐欣夫、鄭正秋、張石川；主演：胡蝶、高占非、嚴月閒、宣景琳、朱秋痕、嚴工上、夏佩珍、王獻齋、龔稼農、舒繡雯、顧蘭君、高倩萍、梅熹、袁紹梅、王吉亭、徐來、徐琴芳、趙丹、陳娟娟、鄭小秋、袁曼麗、尤光照。對這部影片的具體討論，請參見拙著《黑白膠片的文化時態──1922～1936年中國早期電影現存文本讀解》第25章：《以舊市民電影爲依託、以左翼元素爲賣點的有聲大片──〈女兒經〉（1934年）：新市民電影樣本讀解之三》。

乙、《聯華交響曲》中 8 個短片的面貌和文本讀解

整部影片的開始和結束，都使用的是「聯華」在 1934 年出品的左翼電影《大路》的主題歌《開路先鋒歌》，並由全體編、導、演出鏡演唱——國產電影發展到 1937 年，幾乎很少不使用插曲或主題曲的，音樂元素已經成為影片進入市場必要的視聽構成。因此，這支曲子也可以看作是第一個短片《兩毛錢》的主題曲。除此之外，《聯華交響曲》其他短片，幾乎都有與影片主題相關的音樂或歌曲配置，包括借用。

西諺云：人不能兩次站在同一條河中。但就是有人能在銀幕內外站在同樣被稱為法庭的地方。這是藍蘋在《聯華交響曲》第一個短片《兩毛錢》中扮演的「犯人」妻子。

《兩毛錢》由蔡楚生編劇、司徒慧敏導演，時長 11 分鐘左右。影片用一張富人點煙後丟棄的破損紙幣，串聯起底層民眾相似的悲苦命運，最終一個窮人為了掙這兩毛錢，在不知情的情形下捲入毒品販運被判刑八年。本片的《演職員表》在 VCD 版中缺失，可能是 1949 年以後人為的因素所致，因為這部短片的女主演是藍蘋[1] P611。其實這部片子最有價值的地方是小偷偷這兩毛錢前後大量的實景拍攝，從手法上講很見功力，從影像上說，又是 1930 年代上海街頭難得的場景紀實素材。這部影片很容易使人想到明星影片公司在當年春節上映的《壓歲錢》〔註3〕，因為就整體結構和線索設置而言，它其實是後者的壓縮版。

〔註 3〕 《壓歲錢》(故事片，黑白，有聲)，明星影片公司 1937 年出品，VCD (雙碟)，時長 92 分鐘。這個片子原是夏衍在 1935 年為電通影片公司寫的，後來因為「電通」關張，所以在次年修改後交由「明星」，當時為了規避電影檢察機關，出品時編劇一應用了洪深的名字[1] P461。對這部影片的具體討論，祈參見拙著《黑夜到來之前的中國電影——1937 年現存國產影片文本讀解》第二章《壓歲錢》：1937 年的賀歲片呈現出怎樣的精神面貌——國防電影 (運動) 背景下新市民電影對意識形態的市場化規避》。

一張富人點完煙後丟棄的兩毛錢紙幣，輾轉於窮人之手，既是窮人的活命錢，也是被判刑入獄的導火索。《兩毛錢》秉承的是幾年前左翼電影同情弱勢群體的人文精神。（右為藍蘋特寫）。

　　排在第二的短片是費穆編導的《春閨斷夢──無言之劇》，時長也在11分鐘左右。開始曲借用的是《新女性》中的主題曲，隨後的配樂，轉為使用極具現代電影風格的交響樂。整個片子用三個噩夢影射抗日[1] P474，應該說主題明瞭，但藝術表現手法在《聯華交響曲》的八個短片中最為獨特和出色。影片一開始，由「聯華」當紅女明星陳燕燕和黎灼灼扮演的兩個美豔少婦，睡在一張床上，在錦被下輾轉反側夢境不斷。

　　《第一夢》中，一個士兵在戰壕中吹響悲涼的軍號，另一個士兵取出懷中珍藏的海棠葉子[1] P474~475。《第二夢》裏，一個頭髮擰成兩隻牛角的男人一邊瘋狂地轉動地球儀一邊狂笑不止，然後，他在火中燒掉海棠葉，再次淫邪地狂笑。相對於只有兩三分鐘的前兩夢，《第三夢》長達7分鐘左右，表現的是《第二夢》中的那個男子衝進女人的房間欲行不軌，兩個女人奮起自衛，最終在前線士兵的衝殺聲中殺死侵略者。本片原是有對話的，「由於涉及了抗日，檢查不通過，最後變成了啞劇」[1] P475，這是其副題「無言之劇」的由來。

　　第三個短片《陌生人》的編導是譚友六，雖然時長有12分鐘左右，但幾乎可以當作舞臺劇來看。一個強盜夜裏跑到一間雜貨店要求躲藏，貪財的老頭子收下強盜的錢後，不顧兒媳婦的反對，不僅將其隱匿，騙過了來追捕的武裝村民，而且還給強盜指出了一條逃跑的路。結果強盜在逃跑時砸死了老頭在村外守衛路口的兒子，兒媳因此自殺。老頭在瘋狂中放火燒掉自己的房屋，懷抱幼小的孫子，拿起鋼刀，在報警的鑼聲中，和鄉親們一起走上抓捕強盜的道路。

從主題思想上說，《春閨夢斷》是典型的國防電影，但其藝術表現卻具備現代電影的一切要素。從編導費穆的創作軌迹上看，它是 11 年後《小城之春》的辣筆熱身之作。

　　第四個短片是沉浮編導的《三人行》，時長 12 分鐘。前半截是喜劇，講的是三個刑滿釋放的男人從監獄裏放出來後，無所事事，到處見義勇爲，後果卻很搞笑。影片後半截的表現開始進入正軌，他們先是去解救了一個被男人毆打的年輕女子，在混戰中，女子打死了那個男人。原來這個男人不僅用高利貸控制女子，還企圖施暴。知道眞相後，這三個男人頂替罪名再次走進監獄。若干年後，當三人再次走出監獄大門時，已是面有髭鬚的中老年人。

同樣是國防電影，《陌生人》的敘事不僅平實，而且淺顯易懂。它與一年前的《狼山喋血記》和《壯志淩雲》是一類的路數，但絕無《春閨夢斷》在思想和藝術層面的峭拔險峻。

　　第五個短片是賀孟斧編導的《月夜小景》，時長 12 分鐘。在淒婉的歌曲聲中，一個面目愁苦、飢寒交迫的青年人，半夜裏在黃埔江碼頭和大街上持續持槍搶劫，但被他搶劫的人都和他一樣窮困潦倒：懷揣當票的同齡人、沒有生意的性工作者和打更值夜的老者。老者和他攀談起來，才知道年輕人來

自三千里外的那塊有無盡寶藏的土地，而老者的兒子十幾年前也去了那裡謀生，但 5 年前就斷了音訊。當追蹤而來的警察將年輕人抓走時，老者和年輕人才意識到雙方的父子關係。

韓蘭根、劉繼群、殷秀岑演繹的《三人行》，由於其特型/喜劇演員的緣故，多少沖淡了影片的現實批判力度，是後期「聯華」從左翼電影轉軌新市民電影生產的過渡之作。

排在第六的《鬼》，由朱石麟編導，其時長相對於絕大多數短片的 12 分鐘要多出 2 分鐘，雖然片頭的畫面和配樂想表現一種詭譎或恐怖的氣氛，但內容和表演上卻實在沒有多少虛幻的成分。一個漂亮女孩晚間在院子裏聽左鄰右舍的閒漢們大談鬼故事，越聽越害怕，偏巧她母親又急著出門打麻將，把她獨自丟在家裏。夜裏女孩覺得有鬼，驚恐之際，那個給她講鬼故事的男人把她誘騙進自己的房間……。第二天早上女孩的母親回來後發現女兒神志不清。眾人請來道士捉鬼，女孩忍無可忍，在宣講了一番人間本沒有鬼的道理後，揭發了那個男人借鬼的名義所幹的壞事，說明造出鬼來的人比鬼更可怕。

屬於國防電影性質的《月下小景》，再次啓用了當年左翼電影主要的表現群體之一，即「九‧一八事變」後流亡內地的東北青年學生為表現對象，是一個典型的舞臺劇影像表達。

把朱石麟導演的《鬼》歸入左翼電影實屬勉強，黎莉莉主演的這部短片其實和
《三人行》一樣，是黎民偉、羅明祐離開後，「聯華」從左翼電影轉軌新市民電
影的新產品。

　　第七個短片是孫瑜導演的《瘋人狂想曲》，是所有短片中的短片，只有不
到 4 分半鐘的篇幅。片頭歌曲曲調，用的是聯華影業公司 1934 年出品的配樂
片《漁光曲》的主題曲旋律。被關在瘋人院中的一個中年男人，本來有著幸
福的農家生活，然而敵機的轟炸和炮火，不僅毀壞了他的土地和家園，也炸
死了他的一雙兒女，最後他流落街頭。在他緊握鐵欄、不斷呼喊「打回去」
的同時，疊化出他和其他民眾冒著炮火奮勇衝鋒的畫面。

作爲左翼電影的開山鼻祖，孫瑜編導的《瘋人狂想曲》雖然敘事平穩、引而不
發，但依然難以掩飾其一貫激進的批判立場和強烈的現實關懷傾向——瘋者自
瘋、狂者自狂。

　　蔡楚生編導的《小五義》是《聯華交響曲》裏最後一個短片，是所有短
片中的篇幅最長的，竟有 22 分半鐘的時長。片頭麴調輕鬆歡快，暗示著影片
喜劇化的風格。說的是一個大家庭，父親肥胖貪吃、顢頇無能，五個兒女純
真活潑。一個自稱是這家好鄰居的男人，用巧言花語和小恩小惠佔據了這家
臨街的房間販賣軍火玩具，進而離間五個孩子讓他們互相猜疑，隨即又拐走

了其中的小女孩。鄉公所收受了鄰居的賄賂後，不僅對此事不予過問，反倒勸大家和平共處。四個孩子終於看清了鄰居的險惡用心，號召其他還在互相打鬥的小夥伴們拿起武器一同搗毀了店鋪，逼著壞鄰居交出被擄走的妹妹。糊塗的父親就此覺醒，並把壞鄰居推入水中。

蔡楚生編導的《小五義》，最大程度地彰顯了國防電影的啟蒙性、宣傳性和大眾性，因其採取的是極其少見的兒童視角，同時，眾多的兒童演員群戲也是當時的看點之一。

丙、《聯華交響曲》的內在性質與藝術風格

對這八個短片，以往的研究者認為，「五個是宣傳抗日為主題的，其他三個也都程度不同地暴露了當時社會生活的黑暗」，並且配合了「政治鬥爭」[1] P473～474。所謂以「宣傳抗日為主題」，其實就是一年前興起的國防電影（運動）；而「程度不同地暴露了當時社會生活的黑暗」的短片，指的就是《兩毛錢》、《三人行》和《鬼》。在我看來，它們是1932年出現的左翼電影在國產電影發展到1937年的新電影潮流中的餘緒。

《兩毛錢》講的這個故事，看上去是市井小民因為蠅頭小利而引發的一連串悲劇，但影片的批判性主旨卻始終是建立在階級性和宣傳性至上的左翼電影主題思想的流露。

　　《兩毛錢》沿用的是當年左翼電影揭發社會黑暗、反映貧富不均的路數。雖然是止於揭示和批判現實，但其因為兩毛錢而被判八年的處理，在後人來看尤為驚心。鏡頭講究，技法熟練，顯見聯華影業公司電影製作的傳統功力。其中妻子的扮演者是藍蘋，這是她繼《都市風光》和《狼山喋血記》之後再次扮演的一個小角色，也是現存的、公眾可以看到的 1930 年代江青參與演出的第三個影片。

　　《三人行》的開始曲套用的《鳳陽花鼓》曲式，預示了影片的整體喜劇風格。本片被歸類為左翼電影，是因為它的主題是提倡暴力反抗；其次，主演韓蘭根、劉繼群和殷秀岑，一直是「聯華」公司喜劇影片的品牌式演員，與之相關的打鬥、噱頭、鬧劇等表演套路與模式，源於當年左翼電影對舊市民電影結構性元素的繼承發揚。《鬼》是這三個短片中最為枯燥的，但它借用噱頭所營造的賣點，正是左翼電影基於階級性、暴力性上的宣傳性、鼓動性和教育性的特徵體現。所以「卒章顯其志」，告訴觀眾，世上既沒有「鬼」，有也不可怕，因為所謂「鬼」是壞人弄出來的；對待「鬼」，只能勇敢地面對和鬥爭。

藍蘋在聯華影業公司 1936 年出品的《狼山喋血記》中，扮演張三的妻子：她的兒子被狼咬死。戲份不能算多，表演上也沒有多大拓展空間，雖然編導費穆對她不無提攜。

　　檢閱這三個短片，其實還可以發見左翼電影的另一方面的屬性特徵，即同情底層民眾、關懷弱勢群體，尤其是底層中的底層、弱勢中的弱勢，譬如被侮辱的女性和基本喪失生存空間的社會邊緣人群。

　　相對而言，屬於國防電影性質的短片，不僅篇幅較多，而且藝術成就更高。這一方面是 1930 年代中後期國產電影發展歷史的必然，另一方面也是因為，在 1937 年國防電影已經基本完成對左翼電影精神內核整合的基礎上，不同的編導都表現出對國防電影內在性質的把握和與一己藝術主張相關的藝術

創作功力。這其中成就最高、表達最好的，就是費穆的《春閨斷夢——無言之劇》。

費穆的《春閨夢斷》的確表現了女性性心理：戰爭中被侮辱和損害的女性焦慮。這是所有國防電影沒有企及的高度，也是所有中國電影難以涉及的題材、領域和意識深度。

影片中的兩個美豔女性當然可以理解為姑嫂或姐妹，顯然，既是後方的妻子與在前線守衛禦敵的丈夫相互思念，也更是所有中國女性的集體象徵。其肢體語言和身體造型的構思、表達，以及由含蓄、收斂下的大膽出位所形成的陰柔和情色之美，與一年前吳永剛編導的《浪淘沙》中所表現的男性陽剛之美，堪稱絕配。更重要的是，「春閨斷夢」的思想主旨，不僅超越了當年左翼電影在反抗階級壓迫主題下所要表達的強勢階層針對女性弱勢群體的性剝削這樣的新銳理念，而且最好地表達了國防電影在反抗異族侵略下的民族心理訴求：如果不奮起抗日，侵略軍要毀壞的，就不僅僅是中國人的賴以生存的家園，無數中國家庭的妻女姐妹還要面臨被肆意蹂躪和殺害的巨大危險。

當國防電影始終停留在對全民進行現代國家意識的愛國主義啟蒙教育的時候，當抗日戰爭結束幾十年後，兩岸三地的電影依然沒有填補《春閨夢斷》當年留下的巨大空白。

　　與主題思想的高度相匹配的，是費穆高超的電影敘述手法和極爲新銳的藝術表達理念。譬如幾乎所有的場景過渡都使用熊熊燃燒的火焰，配樂幾乎始終使用極具現代電影風格的交響樂。建立在哲理性上的象徵性，與世俗表象上的感官衝擊並行不悖，實際上技高一籌。譬如海棠葉：守衛前線的中國士兵拿出珍藏在懷裏的海棠葉特寫，與後方妻子姐妹的輾轉反側形成情感上的呼應；象徵日本軍閥的狂人將海棠葉拋入火中的鏡頭，又構成民族精神的對抗關係——當時的觀眾都明白，海棠葉是當時中國國家地理版圖的形狀。

　　《春閨斷夢——無言之劇》時長 11 分鐘左右的篇幅，構圖自始至終極盡講究之能事，每一個畫面的審美追求都給人以登峰造極的感覺，而且極具民族特色——特徵強烈的中式建築、極具東方傳統意蘊的線條、切割和場景轉換；景深、層次變換繁複，充滿張力，機位變換頻繁，推、拉、搖、移，拍攝式的俯、仰、平、斜（畫面有意傾斜），幾乎無所不用其極。很多人注意到的是費穆在 11 年後拍的《小城之春》（文華影片公司 1948 年出品）並對之讚不絕口，殊不知此時的「春閨斷夢」其實是「小城」的民族抗戰版和對民族心理意識文化讀解的熱身之作。

即使在今天，《春閨夢斷》的電影現代意識和表現手法依然讓人歎服：無論布景、光線、景深、構圖，還是場面、機位和演員調度，都體現出一代大師費穆的絕美風範。

　　因此，相形之下的其他四個短片，雖然也不乏可圈點之處，但畢竟缺乏像費穆那樣在小製作中體現大手筆的精彩和功力。就《陌生人》而言，它幾乎可以當作是一個教育意義非常明顯的通俗舞臺劇：老頭子貪財收下壞人的錢，結果害死了兒子兒媳，因此他加入勇敢抵抗的行列。編導的抗日寓意非常明顯，但表現上比較生硬，而且舞臺表演痕迹濃重，屬於急就章式的製作。

明月當空照，只有故鄉不再；流離失所在他鄉，何處是歸程？同病相憐、不妨她、陌不相識，有誰知，夢斷何時？醒來無處、天涯路（賀孟斧編導的《月下小景》截圖）

《月下小景》是一個配樂抒情短劇，思想和藝術結合相對較好，對當時抗日題材和中日敏感關係的比喻既合乎情理，敘事也較爲流暢。譬如父子相見那場戲，老者說 5 年前兒子去了什麼地方，當時的觀眾都會明白，他指的就是 1931 年「九・一八事變」爆發的東北地區；孩子的娘 4 年前死去，對應的是 1932 年的日軍轟炸上海的「一・二八事件」。流暢的敘述還包括配樂，使人聯想到當時比較流行的流亡歌曲《我的家在松花江上》。唯一的失誤是父子在最後才相互認出，多少有點出乎常理。

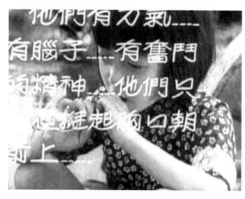

在孫瑜編導的《小玩意》中，主人公葉大嫂在戰爭中先後失去了丈夫兒女，她在瘋狂中高喊：敵人殺來了！大家一起出去打呀！救你的國！救你的家！救你自己！醒吧……。

《瘋人狂想曲》中使用的配樂，配器是鋼琴，曲調風格怪異，與《春閨夢斷》的表現效果在一定程度上有的一比。以前的電影史研究注意到，主人公不斷高呼「打回去」的口號，是聯華公司 1932 年左翼電影「《小玩意》結

尾時葉大嫂呼籲的發展」[1] P475。這個評論是中肯的。但更應注意的是《瘋人狂想曲》結束時的這場戲：男人被關在鐵欄後面，鏡頭拉開，一個身穿黑制服的看守面無表情地走進畫面，然後淡出。其象徵意味的深度和價值似乎更值得肯定，因為它進一步預示了日本侵略戰爭帶來的民族災難。

　　而《小五義》漫畫式的表現、臉譜化的人物設計，以及喜劇化的表演風格、童稚化的打鬥編排，手法直白，不僅與「春閨夢斷」不在一個層次上，就是與《瘋人狂想曲》相比也是相差很大。問題是這個打鬥熱鬧的短片，其寓意今天來看，很多人不甚明瞭。可是在當時，觀眾是一望而知的。譬如胖子家長代表的是當時對日無所作為、受人鉗制的中央政府；不懷好意的鄰居指的是日本；大家跑去評理裁判的鄉公所，影射的是當時無力制止日本侵略中國的「國際聯盟」；所謂「小五義」，指的是主張奮起抗戰的普通中國民眾，又因為民國政府提倡（漢滿蒙回藏）「五族共和」，最初的國旗也是五色旗（紅黃藍白黑）。這些寓意淺顯直白、通俗易懂，迄今依然有現實教育意義。例如壞鄰居的言論非常符合日本對待中國問題的文化心態，實際上也是日本政府和眾多日本民眾合成的國家行為意識的典型體現：「你家裏這麼多孩子，反正也是窮」；我拿走一個是為你好，反正「你的就是我的，有你的就有我的」。

《小五義》中的漢奸形象，是對《壯志凌雲》（新華影業公司 1936 年出品）的深度繼承；漢奸的生成和危害其實並不僅僅存在於戰爭期間，也並不是總以武力形式出現。

丁、聯華影業公司的沒落以及 1937 年抗戰爆發前的國產電影發展趨勢

　　在《聯華交響曲》結尾處最後 40 秒，全體主演以合唱的形式高唱《大路》主題曲，給人以試圖點明影片的國防電影主體性質的感覺。實際上，作為幾年前以拍攝左翼電影興盛一時的製作中心之一，作為在 1930 年代（1930 年～

1937年7月）與天一影片公司和明星影片公司一同瓜分海內外國產片市場的大製片公司，《聯華交響曲》的拍攝公映，有幾層信息可以讀解。

　　首先，在失去了黎民偉和羅明祐的強力主導之後，「聯華」公司在各方面都有所殘缺。以吳性栽等組織的銀團華安公司接辦公司後[1] P457～458，既無力在思想層面立即完成對左翼電影的改造和產品的升級換代，也無力生產正規意義上和一定規模的國防電影，所以才有《聯華交響曲》這樣的集錦片樣式，因此，影片的內在品質只能是先前的左翼電影和新興的國防電影性質的雙重疊加。當然，就新「聯華」而言，《聯華交響曲》的拍攝出品，自然也不無公司現任高層對內凝聚人氣、對外穩固市場佔有的商業廣告考量。

　　其次，《聯華交響曲》的出現，一方面意味著聯華影業的新領導層，不再像前任那樣冒險嘗試其他類型的影片製作或大力提升電影的思想性，從此開始在整體上失去藝術創新的活力。另一方面，也預示著華安公司控股的新「聯華」從此將轉向並加入更加主流和商業化的新市民電影的生產大潮。在現存的、公眾可以看到的4部聯華影業公司名下的影片中，屬於新市民電影性質的就有3部，即《前臺與後臺》、《如此繁華》和《王老五》。

1935年聯華影業公司出品的《天倫》（編劇：鍾石根；監製與導演：羅明祐；副導演：費穆）。似乎預示著黎民偉、羅明祐從左翼電影立場向本土傳統文化回歸的趨勢。

　　第三，從電影史的角度而言，在1936年《浪淘沙》公映、收穫市場失敗之後[註4]，趕走了靈魂人物黎民偉、羅明祐，以及名導演吳永剛的聯華影業

〔註4〕《浪淘沙》（故事片，黑白，有聲），聯華影業公司1936年出品，VCD（單碟），時長69分。編導：吳永剛；主演：金焰（飾演逃犯阿龍），章志直（飾演警察探長）。對本片的專題討論，祈參見拙著《黑白膠片的文化時態──1922～1936年中國早期電影現存文本讀解》第33章：《新浪潮──1930年代中國電影的歷史性閃存──〈浪淘沙〉：電影現代性的高端版本和反主旋律的批判立場》。

公司，在思想上和創作上實在有些捉襟見肘。之後的《王老五》如果可以或必須提及，在很大程度上也是歸之於新市民電影的內在原因，以及其中的女主演，後來在相當大的程度上影響了一個國家電影生產幾十年的外在因素〔註 5〕。

《浪淘沙》（編導：吳永剛；監製：羅明祐；製片：黎民偉；聯華影業公司 1936年出品）的民族主義立場，包含著當時主導國防電影運動的左翼人士不曾認知的深刻內涵。

戊、結語

　　然而，《聯華交響曲》在多種原因下的拼接出產，卻在一定程度上爲 1932年才進入「聯華」正式擔任導演的費穆 [1] P255，提供了一個很好的表現平臺。縱觀整部影片，除了費穆的《春閨斷夢——無言之劇》之外，其他短片，無論屬性如何，其實都可以看作是急就章式樣的命題之作，主題單一，藝術表現手法中規中矩。而「春閨夢斷」不僅是「聯華交響曲」中最能體現先前左翼電影新銳理念和外在風格的作品，不僅是新興的國防電影（運動）中內涵最爲深邃、藝術水平最高的影片，而且還是繼《浪淘沙》之後，1937 年 7 月抗戰爆發之前中國早期電影歷史上現代性最強、藝術表現力最爲出色的電影。

　　考慮到 7 個月後「七·七事變」爆發，國產電影業的發展進程被戰爭打斷的整體性癱瘓歷史，從形式上說，《聯華交響曲》可以看作是聯華影業公司最後一次集體性的盛裝出場，爲國片事業盡忠效力之舉。就 1937 年 7 月全面

〔註 5〕　《王老五》（故事片，黑白，配音片），聯華影業公司 1937 年出品，（1938 年公映）：網絡視頻時長：110 分 36 秒。編劇、導演：蔡楚生：主演：王次龍、藍蘋。對這部影片的具體討論，請參見拙著《黑夜到來之前的中國電影——1937 年現存國產影片文本讀解》第十章《〈王老五〉：藍蘋主演的到底是一部什麼樣性質的影片——1937 年全面抗戰爆發前後的國產電影面貌》。

抗戰之前的1930年代國產電影發展歷史而言，集錦片《聯華交響曲》客觀上表明，在1932年出現、隨即成爲國產影片主流的左翼電影[2]，在4年之後的1936年，整體上逐漸被主題思想和藝術理念更爲寬泛的國防電影（運動）所吸收、容納[3]；換言之，1936～1937年7月間的左翼電影已經基本消失，我稱之爲左翼電影的強行轉型[4]。

在左翼電影風光不再的1937年，費穆不合時宜的左翼氣質卻在其編劇的《前臺與後臺》中萌生（導演：周翼華；製片：陸潔；主演：寧萱；聯華影業公司1937年出品）。

具體地說，左翼電影的階級性、暴力性和宣傳鼓動性，基本上被國防電影的民族性和對敵（對日）鬥爭的號召性和宣傳性所取代[5]。不論國防電影（運動）的成就如何，實際上已經與新市民電影共同構成此一時期的國產電影主流。因此，《聯華交響曲》的整體面貌才會呈現出殘留的左翼電影（餘緒）與以抗敵宣傳爲主旨的國防電影的雙重疊加。

具體到《聯華交響曲》的製作時間，實際上可以看到，在先後經歷了以《天倫》和《國風》爲代表的新民族主義電影〔註6〕，以及代表的知識分子獨

〔註6〕 《天倫》（故事片，黑白，配音片），聯華影業公司1935年出品，VCD（單碟），時長45分16秒；編劇：鍾石根；導演：羅明祐；副導演：費穆；主演：林楚楚、尚冠武、黎灼灼、張翼、鄭君里、陳燕燕。對本片的專題討論，祈參見拙著《黑白膠片的文化時態──1922～1936年中國早期電影現存文本讀解》第28章：《政治話語情結與傳統倫理文化讀解的雙重錯位〈天倫〉（1935年）：中國電影歷史中「消極落後」的樣本讀解》。《國風》（故事片，黑白，無聲），聯華影業公司1935年出品，DVD（單碟），時長94分鐘；編劇：羅明祐；聯合導演：羅明祐、朱石麟；主演：阮玲玉、林楚楚、黎莉莉、鄭君里、羅朋、劉繼群、洪警鈴。對本片的專題討論，祈參見拙著《黑白膠片的文化時態──1922～1936年中國早期電影現存文本讀解》第27章：《主流政治話語對1930年代電影製作的介入及其藝術轉達──〈國風〉（1935年）：中國電影歷史中的「反動」標本讀解》。

立批判立場的《浪淘沙》的市場失敗之後，1936 年年底製作的《聯華交響曲》，反映了失去羅明祐和黎民偉之後的聯華影業公司在製片路線和方針後的困惑。這就是爲什麼現存的、公眾可以看到的影片中，除了《慈母曲》是舊片新放的新民族主義電影之外，聯華影業公司出品的其它三部影片，即《前臺與後臺》、《如此繁華》和《王老五》，都可以歸於新市民電影的大類中的根本原因。對此，以往的電影史研究也不得不承認，《王老五》屬於「不同題材樣式的影片創作」[1] P461。

歐陽予倩編導、黎莉莉、張琬、尚冠武、梅熹主演的《如此繁華》表明，即使是當年的左翼編導中堅，也開始在 1937 年轉向批判立場相對溫和保守的新市民電影製作。

己、多餘的話

　　子、今天來看《聯華交響曲》中的 5 個抗日題材的短片，不僅會使人聯想到大陸在 1949 年以後製作的戰爭題材電影，尤其是有關抗日戰爭的電影：只要《演員表》一出來，觀眾就會知道哪些是「好人」（「我們的人」）、哪些是「壞人」（敵人）；所有的電影你不用也知道結局，那就是敵人失敗了、「我們」勝利了，甚至「我們」最後勝利的場面和表達的方式大體上都是一致的。因此在 1966～1976 年「文革」時期，幾乎所有同類題材的樣板電影都來源於這「十七年」（1949～1965）的電影或戲劇改編。例如芭蕾舞劇《白毛女》，改編自東北電影製片廠 1950 年攝製的同名黑白電影，現代京劇《紅燈記》改編自長春電影製片廠 1963 年攝製的黑白故事影片《自有後來人》，而京劇《沙家浜》最初的原型是上海 1959 年排演的滬劇《碧水紅旗》，（該劇於 1964 年被北京京劇團移植爲名爲《地下聯絡員》的京劇，後相繼改名爲《蘆蕩火種》和《沙家浜》）[6]。而這些作品雖然在藝術表現形式上有所創新，譬如傳統藝術與電影藝術的有機融合，但在內在品質和思想境界上並無進步與提升。

這是為什麼？

這是因為，1949年以後大陸的抗日題材影片，從一開始就不能進行深層次的挖掘。也就是說，直到2000年《鬼子來了》出現，大陸的電影製作始終停留在1937年出品的《陌生人》、《小五義》《月下小景》等作品這樣止於局限的暴露和單向批判階段，連《瘋人狂想曲》的層面也沒有達到；只有《鬼子來了》觸及《春閨斷夢——無言之劇》的層次，結果還是國內禁映。其深層原因，是由於民族心理在起作用；淺層原因，是藝術表現上的不從容，進而導致自我反省和反思不能進行，或者說，這二者互為因果。

蔡楚生編導的《王老五》（作詞：安娥，作曲：任光；主演：王次龍、藍蘋、殷秀岑、韓蘭根），是1937年的新「聯華」全面轉軌新市民電影製作的代表性作品之一。

對這一問題的反思，一定要在對外和對內兩個方面尋找根源：一是對日本的民族性的反思，一是對中華民族自身的整體反思。具體地說，大和民族也有她優秀的成分，有值得國人學習借鑒的地方。而如果僅僅將其看作萬惡的侵略者就不承認這一點，那就對不起中華民族曾經遭受的苦難。同時，中華民族自身的劣根性，也就不能很好地得到反省和克服，以至貽害當下和後人。這種態度，同樣屬於愛國主義的範疇而不是相反。這種歷史理念和藝術概念上的混亂，直到如今，令人痛心。

丑、從抗日題材的電影製作角度而言，2000年之前的國產影片在藝術表現上就是不能從容，而不能從容是因為心態問題，不能反思，那麼也就不能突破和提升反侵略的層次。真正的禁區在哪裏？中國政府在抗戰爆發後並沒有禁止拍攝和反映抗日戰爭的電影，真正的禁區在於創作者自身，在於沒有對於侵略者和被侵略者的民族性予以對比性的批判。《鬼子來了》之所以是突破之作、性質完全得到提升的偉大影片，就是因為它在表現中國人民揭

露和反抗日本侵略的同時，對自身民族性格予以反省和檢討，而不僅僅是一部抗日題材的電影。就像阿 Q 一樣，他的心理和個人歷史，絕不僅僅是一個沒有加入無產階級組織的戰士的個人和歷史，而是民族性格和民族精神史的一個集中體現。所以，阿 Q 不僅僅是阿 Q，（《鬼子來了》中的主人公）馬大三不僅僅是馬大三。從這個角度來說，抗日，就是現在不隨地吐痰、不在公共場合大聲喧嘩、亂丟垃圾；抵制日貨，就是從大學生上課不遲到早退開始〔註7〕。

初稿時間：2005 年 4 月 22 日
初稿錄入：呂月華
二稿修改：2010 年 2 月 6 日～3 月 8 日
三稿改訂：2010 年 5 月 22 日
四稿配圖：2011 年 5 月 8 日
校訂添圖：2015 年 1 月 30～31 日

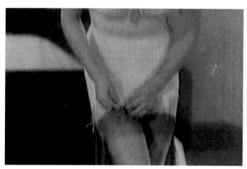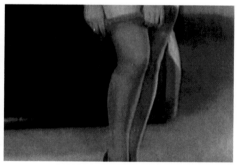

但作爲新市民電影，《如此繁華》中如此香豔抓人的鏡頭，卻正昭示了當年左翼電影市場化的審美偏愛，這種流風遺韻，依然是編導依賴主演黎莉莉的身體資源完成的。

〔註 7〕除了丁、聯華影業公司的沒落以及 1937 年抗戰爆發前的國產電影發展趨勢一節最後兩個自然段，以及己、多餘的話之外，本章的主體部分在作爲第一章收入《黑夜到來之前的中國電影——1937 年現存國產影片文本讀解》前，曾以《〈聯華交響曲〉：左翼電影餘緒與國防電影的雙重疊加——1937 年全面抗戰爆發之前中國國產電影文本讀解之一》爲題，先行發表於 2010 年第 2 期《浙江傳媒學院學報》。特此申明。

參考文獻：

〔1〕程季華，中國電影發展史：第 1 卷〔M〕，北京：中國電影出版社，1963。

〔2〕袁慶豐，20 世紀 30 年代中國電影市場和商業製作模式制約下的左翼電影——以《母性之光》爲例〔J〕，杭州師範大學學報，2008（4）：72～76。

〔3〕袁慶豐，電影市場對左翼電影類型轉換及其品質提升的作用——以《壯志淩雲》爲例〔J〕，南京師範大學文學院學報，2009（2）：121～124。

〔4〕袁慶豐，1922～1936 年中國國產電影之流變——以現存的、公眾可以看到的文本作爲實證支撐〔J〕，學術界，2009（5）：245～253。

〔5〕袁慶豐，國防電影與左翼電影的内在承接關係——以 1936 年聯華影業公司出品的《狼山喋血記》爲例〔J〕，佛山科技學院學報，2008（2）：17～19。

〔6〕百度百科 http://baike.baidu.com/view/859590.htm 抬 fr=ala0_1。

Lian Hua Symphony — Double Influences from Left-wing Films and National Defense Films: One of Analyses on Chinese Films before 1937 Full-scale Anti-Japanese-Invasion War

Abstract: *Lian Hua Symphony* by Lian Hua Film Company, shown to public in January 1937, is the only hotchpotch film in the history of the company, and also gets double influences from left-wing films and emerging national defense films. Except *Broken Dreams — Silent Play* directed by Fei Mu, most of other short films are less valuable, which means Lian Hua Company lost creative ability in art after Li Minwei and Luo Mingyou left it, and foresees Lian Hua would then turn to and participate more mainstream and commercial traditional new citizen film production.

Key words: traditional new citizen film; national defense film; left-wing film; Fei Mu; Broken Dreams — Silent Play;

主要參考資料目錄

01、《中國影戲大觀》，徐恥痕編纂，上海合作出版社民國十六年（1927 年）版；

02、《現代中國電影史略》，鄭君里著，上海良友圖書印刷公司 1936 年版；

03、《民國畫報彙編——上海卷 1935》，全國圖書館文獻縮微複製中心編纂出版；

04、《民國畫報彙編——上海卷 1935～1937》，全國圖書館文獻縮微複製中心編纂出版。

05、《感慨話當年》，王漢倫等著，北京：中國電影出版社 1962 年版；

06、《中國電影史話》，公孫魯著，香港：南天書業公司 1962 年版；

07、《中國電影發展史》第一卷、第二卷，程季華主編，北京：中國電影出版社 1963 年版；

08、《電影論文集》，夏衍著，北京：中國電影出版社 1963 年版；

09、《電影求索路》，袁文殊著，北京：中國電影出版社 1963 年版。

10、《中國銀壇外史》，關文清著，香港廣角鏡出版社 1976 年版；

11、《孤島見聞——抗戰時期的上海》，陶菊隱著，上海人民出版社 1979 年版。

12、《魯迅與電影》，劉思平、邢祖文著，北京：中國電影出版社 1981 年版；

13、《六十年代國片名導名作選》，蔡國榮主編，臺灣：中華民國電影事業發展基金會民國七十一年（1982 年）編纂出版；

14、《影壇舊聞——但杜宇和殷明珠》，鄭逸梅著，上海文藝出版社 1982 年版；

15、《影壇憶舊》，程步高著，北京：中國電影出版社 1983 年版；

16、《我的探索和追求》，吳永剛著，北京：中國電影出版社 1986 年版；

17、《銀海泛舟——回憶我的一生》，孫瑜著，上海文藝出版社 1987 年版；

18、《胡蝶回憶錄》（內部發行），胡蝶口述，劉慧琴整理，北京：新華出版社 1987 年版。

19、《滿映——國策電影面面觀》，胡昶、古泉著，北京：中華書局 1990 年版；

20、《民國影壇紀實》，朱劍、汪朝光著，南京：江蘇古籍出版社 1991 年版。

21、《中國左翼電影運動》，陳播主編，北京，中國電影出版社 1993 年版；

22、《三十年代中國電影評論文選》，陳播主編，北京：中國電影出版社 1993 年版；

23、《劍橋中華民國史：1912～1949 年》（下），【美】費正清、費維愷編，劉敬坤、葉宗揚、曾景忠、李寶鴻、周祖義、丁於廉譯，謝亮生校，北京：中國社會科學出版社 1994 年版；

24、《世界電影史》，【法】喬治·薩杜爾著，徐昭、胡承偉譯，北京：中國電影出版社 1995 年版；

25、《中國電影史》鍾大豐、舒曉鳴著，北京：中國廣播電視出版社 1995 年版；

26、《中國無聲電影劇本》，上、中、下卷，中國電影資料館編，北京：中國電影出版社 1996 年版；

27、《中國無聲電影》（中國電影文獻資料叢書）一～四卷，中國電影資料館編，北京：中國電影出版社 1996 年版；

28、《中國無聲電影史》，酈蘇元、胡菊彬著，北京：中國電影出版社 1996 年版；

29、《中國無聲電影》（1～4 卷），中國電影資料館編，北京：中國電影出版社 1996 年版；

30、《現代中國電影史略》，鄭君里著，北京：中國電影出版社 1996 年版；

31、《民國影壇紀實》，朱劍、汪朝光著，南京：江蘇古籍出版社 1997 年版；

32、《中國現代文學三十年（修訂本）》，錢理群、溫儒敏、吳福輝著，北京大學出版社 1998 年版；

33、《上海電影志第一編——第八編》，上海：上海電影志編纂委員會 1998 年版；

34、《上海電影志——附錄、後記》，上海電影志編纂委員會 1998 年版；

35、《中國淪陷區文學大系：史料卷》，南寧：廣西教育出版社 1998 年版；

36、《中國淪陷區文學大系：詩歌卷》，南寧：廣西教育出版社 1998 年版；

37、《中國淪陷區文學大系：戲劇卷》，南寧：廣西教育出版社 1998 年版；

38、《中國淪陷區文學大系：通俗小說卷》，南寧：廣西教育出版社 1998 年版；

39、《中國淪陷區文學大系：評論卷》，南寧：廣西教育出版社 1998 年版；

40、《中國淪陷區文學大系：散文卷》，南寧：廣西教育出版社 1998 年版；

41、《中國電影史》，陸弘石、舒曉鳴著，北京：中國文化藝術出版社 1998 年版；

42、《中國當代文學史教程》，陳思和主編，上海：復旦大學出版社 1999 年版；

43、《中國電影電視》，章柏青著，北京：文化藝術出版社 1999 年版。

44、《中國電影藝術史教程（1949～1999)》舒曉鳴著，北京：中國電影出版社 2000 年版；

45、《何非光圖文資料彙編》，黃仁編，臺北：國家電影資料館 2000 年版；

46、《中國電影史 1937～1945》，李道新著，北京：首都師範大學出版社 2000 年版；

47、《香港電影之父——黎民偉》，DVD，監製：蔡繼光、羅卡；資料、編劇：羅卡、吳月華；導演：蔡繼光；香港藝術發展局資助，（香港）龍光影業有限公司 2001 年出品；

48、《童月娟——回憶錄暨圖文資料彙編》，左桂芳、姚立群主編，（臺灣）行政院文化建設委員會、財團法人國家電影資料館 2001 年版；

49、《行雲流水篇：回憶、追念、影存》，黎莉莉著，北京：中國電影出版社 2001 年版；

50、《影史榷略：電影歷史及理論續集》，李少白著，北京：文化藝術出版社，2003 年版；

51、《上海警察：1927～1937》，【美】魏斐德著，章紅、陳雁、金燕、張曉陽譯，周育民校，上海古籍出版社 2004 年版；

52、《上海妓女：19～20 世紀中國的賣淫與性》，【法】安克強著，袁燮銘、夏俊霞譯，上海古籍出版社 2004 年版；

53、《霓虹燈外——20 世紀初日常生活中的上海》，盧漢超著，段煉、吳敏、子羽譯，上海古籍出版社 2004 年版；

54、《二流堂紀事》（圖文增訂本），唐瑜著，北京：生活·讀書·新知三聯書店 2005 年版；

55、《中國電影文化史》，李道新著，北京大學出版社2005年版；

56、《老電影、老上海》，DVD，編導：朱晴、彭培軍、劉麗婷；監製：褚嘉驊、應啓明；上海電視臺紀實頻道製作，中國唱片上海公司2005年出版發行；

57、《影像時代——中國電影簡史》，丁亞平著，北京，中國廣播電視出版社2005年版；

58、《中國電影史研究專題》，李道新著，北京大學出版社2006年版；

59、《日本電影100年》，【日】四方田犬彥著，王眾一譯，北京：生活·讀書·新知三聯書店2006年版；

60、《流氓的盛宴——當代中國的流氓敘事》，朱大可著，北京，新星出版社，2006年版；

61、《上學記》，何兆武口述，文靖撰寫，北京：生活·讀書·新知三聯書店2007年版；

62、《上海灘電影大王張善琨》，艾以著，上海人民出版社2007年版；

63、《我的成名與不幸——王人美回憶錄》，王人美口述，解波整理，北京：團結出版社2007年版；

64、《雙城故事——中國早期電影的文化政治》，傅葆石著，劉輝譯，北京大學出版社2008年版；

65、《歐美電影與中國早期電影（1920～1930)》，秦喜青著，北京：中國電影出版社2008年版；

66、《影像時代——中國電影簡史》，丁亞平著，北京：中國廣播電視出版社。2008年版；

67、《黎民偉評傳》，鳳群著，北京：中國文化藝術出版社2009年版；

68、《早期香港電影史1897～1945》，周承人、李以莊著，上海人民出版社2009年版。

69、《中國電影史研究專題II》，李道新著，北京大學出版社2010年版；

70、《中國早期電影史：1896～1937》，胡霽榮著，上海人民出版社2010年版；

71、《國民政府電影管理體制（1927～1937)》，顧倩著，北京：中國廣播電視出版社2010年版；

72、《滿映電影研究》，【日】古市雅子，北京：九州出版社2010年版；

73、《何非光——圖文資料彙編》，黃仁編，（臺灣）財團法人國家電影資料館2011年版；

74、《民國時期的上海電影與城市文化》，【美】張英進主編，蘇濤譯，北京大學出版社 2011 年版；

75、《民國影壇的激進陣營——電通影片公司明星群像》，臧傑，北京：中央編譯出版社 2011 年版；

76、《中國電影人口述歷史叢書——海上影蹤：上海卷》，周夏主編，北京：民族出版社 2011 年版；

77、《中國電影人口述歷史叢書——銀海浮槎：學人卷》，李鎮主編，北京：民族出版社 2011 年版；

78、《中國電影人口述歷史叢書——影業春秋：事業卷》，邊靜主編，北京：民族出版社 2011 年版；

79、《中國電影人口述歷史叢書——長春影事：東北卷》，張錦主編，北京：民族出版社 2011 年版；

80、《中國早期紀錄電影與國民革命影像檔案》，中國電影資料館編，北京：中國廣播電視出版社 2012 年版；

81、《中國無聲電影翻譯研究（1905～1949）》，金海娜著，北京大學出版社 2013 年版。

跋：端坐板凳讀華章

子、2014 年 12 月 28 日，我應邀到北京的國家圖書館做了一場講演，題目是《禁忌與突破：從 2000 年以來的中國電影講起》，大致圍繞我年初出版的《新世紀中國電影讀片報告》〔註1〕展開。演講過程中的互動環節有聽眾提問，說請袁老師談談為什麼要從當初的文學研究轉行到電影研究？

我大笑。說你問得好；既然如此，那我就簡單彙報一下。

我說，我 1993 年畢業分配到北京廣播學院，第二年因為給研究生上課時拒絕給一個從來沒有聽過課、也不肯交結業論文的女同事開具假成績，結果得罪了男領導。問題是，我周圍所有的人都知道其中的關聯和奧妙，唯獨我不知道，（聽眾大笑）。所以在以後一年多的時間裏，我一直不明白為什麼領導連話都不和我說。等我知道原因後，後果已經很嚴重了：評職稱時，從講師到副教授再到教授我用了 9 年，出國訪學被排到最後一個；至於房子和工資就不用說了，因為這也是連帶關係，（聽眾歎息）。更要命的是，那時博士很少，但我發現系裏一直用的我的材料申報碩士點，但批下來之後卻沒我什

〔註 1〕 此書本名為《黑旗袍：新世紀中國電影讀片報告（節選版）》，但出版社的審查委員會認為，這樣的書名涉嫌色情與暴力，遂強令修改；另外，書中諸多稱謂、字句、段落乃至插圖，亦被修改或刪除。奈何？

麼事。換了新領導後，情況依舊。也就是說，我在體制內的學術生存上毫無前途和發展空間。當時學校不大，幾乎所有的人都明瞭前因後果，只是大家不說而已。

丑、我現在要補充的是，2000年我最終接受系主任周鴻鐸教授的一再邀請，調入管理系（也就是現如今我存身的經濟與管理學院）影視製片專業教書。此前幾個月，在當時負責學校研究生部工作的雲貴彬教授的建議和協調下，學校確認了我在電影學專業學科點的碩士生導師資格。當時沒有太多教師關注中國電影歷史，尤其是民國電影，所以我就撿沒有多少人願意上的中國電影史開課。雖然具備了導師資格，但當年卻沒有給我分配研究生。我提出異議之後的2001年分配給我一個，次年又把我擱置一旁了；我向電影學專業負責人抗議了幾次，2003年才得以開始正常招生。2009年，我和我學生輩兒的同事一同被增列為電影學專業的博士生導師，這還是幸虧得到校長蘇志武教授一再特別關照的結果。

寅、因為版權期已過，所以這本書中的十五章，其主體部分均是從上海三聯書店2009年版的《黑白膠片的文化時態——1922～1936年中國早期電影現存文本讀解》一書中移植而來；第16章的主體部分，是徵得編輯同意和授權之後，從中國廣播電視出版社2012年版的《黑夜到來之前的中國電影——1937年現存國產影片文本讀解》挪來。這樣的合併，是因為我認為這些影片都屬於左翼電影形態。

　　諸位會從每一章後面標注的初稿日期發現，最早的一篇成稿於 2003 年 8 月 21 日（討論《春蠶》），最近一章的完成時間是 2012 年 11 月 19 日（討論剛向公眾解禁的《奮鬥》）。其餘十四章的完成時間，都集中在 2004 年到 2007 年四年間。這無非是證明，我的教學和科研時總是同步進行的，所以我才計較帶不帶研究生的問題。我一向喜歡上課，不僅僅是為了糊口謀生，更是因為想把最新研究心得貢獻給學生和學術研究。

　　卯、1996 年我出第一本書的時候，碰巧趕上我人生第一次拔牙。當時覺得，牙這東西，不能用就是廢的，留著無用，因為疼起來不僅沒有美學意義和學術價值，還耽誤生活和工作。不巧的是，以後每出一本書就得拔一次牙。當時我還挺樂觀，心說這輩子豈不是要有三十二本著述問世不成？待出第四本書的時候，我的一個學生要到南方發展，離開北京前把他熟識的口腔科大夫遺留給我。因此當我去朝陽醫院處理牙疼問題時，大夫批評我說，你們這些文人怎麼會有這麼愚昧的觀念？雖說我認為隔行如隔山，但也相信術業有專攻的道理。所以從那時起，就改為補牙。巧的是從此以後，我的牙再沒有出毛病，餘者至今健在。

　　但在整理這本書的當口，我又面臨了人生又一個第一次。那就是鑒於我把個小毛病拖了八個月之久，醫生告誡我必須要在國圖講演完之後去做個外科手術。我一向信奉天人合一的道理，但又不敢違拗專業人士的警告。推進手術室準備麻醉的時候，十幾個準備挨刀的齊齊地躺在各自床上大氣不敢出。旁邊一個自稱是腎盂占位的大媽問我什麼病，我不敢說話，只用手在脖子上比劃了一下。對方吆喝說，割扁桃體的在這兒添什麼亂？當班的美女護士不幹了，大聲說這是綜合手術室，怎麼說話呢你？手術前後我一直在忙著這本書和另一本書的修訂，只是休息時偶而會想到：從今後，我在社會上也算是殘疾人士了吧？

辰、家慈退休前一直供職於很邊緣的省會政府職能部門，但我從小時候就很看不上那種每天定點坐班八小時的工作方式，覺得太受約束。所以十八歲前我就決定，這輩子要像家嚴一樣當大學老師，為的是能自主支配時間、自由自在地說話謀生。三十歲拿到博士學位時，我實現了自己的夢想。但沒想到的是，四十歲後，我每天坐在教研室的時間平均超過十二個小時。（更沒想到的是，據說有關部門以後不讓大學老師上課隨便說話啦）。

從1990年讀研開始到1997年，我前後大約發表了三十篇左右有關文學的學術文章。從那以後，我再沒有發表過一篇，但寫好的論文初稿超過一百篇。十年後，我才重新開始發表論文，迄今保持著每年10篇左右的頻率。2007年那年因為開始重新發表論文，半年不到，我的眼睛就花了，看電腦看的；再以後，就是身材走形，白髮陡生，甚至連白眉毛都有了。這八九年來，我每天除了上課，就是川流不息地來教研室幹活。前幾天我發的幾條微博，可說是這種一成不變狀態的新總結：

躲進老樓，獨步橫行。心中江山，眼底奔來。百無一用是書生，天生不才才不夠。忍將壯年身，換成鼠標手。

廿年板凳年年冷，不許文章一句空。飲秋林格瓦斯，用山東方言朗誦如下詩句：竹帛煙消帝業虛，關河空鎖祖龍居；坑灰未冷山東亂，劉項原來不讀書。

今天雖在寒假裡，但我照常上課，自己跟自己講民國電影。

睡覺，是因為我寫累了；醒來，是因為我還要接著寫。

巳、感謝首都師範大學王家平教授對我的熱情推薦，感謝《民國文化與文學研究文叢》主編李怡教授對我的無私接納，感謝臺灣花木蘭文化出版社對我一如既往的栽培。我的感謝，發自肺腑，我的感謝，不僅僅是因為他們肯定了我的努力，而是因為，我近二十年來所有已經成稿的心血之作，終於

有了面世之可能；我的教學和科研工作，終於有了不被刪節或屏蔽的學術表達機會；更重要的是，我的後半生終於有了生命依託的價值。感謝我的學生們爲我所做的一切輔助工作，感謝我的家人對我無窮盡的工作給予的理解和支持。我願意套用陸游的《釵頭鳳》，總結此刻的心聲：

　　鼠標手，鍵盤肘，五十肩上斑白首。東風惡，激情熱，滿腔愁緒，經年思索。做、做、做。

　　春不瘦，人依舊，汗流浹背青衫透。棗花落，滿池閣。合同都在，著述得託。呵、呵、呵。

袁慶豐　甲午年臘月十八
識於北京東郊定福莊養心廊

十六部影片信息集合

《野玫瑰》（故事片，黑白，無聲），聯華影業公司 1932 年出品。VCD（雙碟），時長 80 分鐘。

>>> **編劇、導演**：孫瑜；**攝影**：張偉濤。

>>> **主演**：王人美、金焰、葉娟娟、章志直、嚴工上。

《火山情血》（故事片，黑白，無聲），聯華影業公司 1932 年出品。VCD（雙碟），時長 95 分 41 秒。

>>> **編劇、導演**：孫瑜；**攝影**：周克。

>>> **主演**：黎莉莉、鄭君里、談瑛、湯天繡、袁叢美。

《奮鬥》（故事片，黑白，無聲），聯華影業公司 1932 年出品。中國電影資料館（北京）館藏影片，（殘片）時長：約 85 分鐘。

>>> **編劇、導演**：史東山；**攝影**：周克。

>>> **主演**：陳燕燕、鄭君里、袁叢美、劉繼群。

《春蠶》（故事片，黑白，配音），明星影片公司 1933 年出品。VCD（雙碟），時長 94 分鐘。

>>> **原著**：茅盾；**編劇**：蔡叔聲【夏衍】；**導演**：程步高；**攝影**：王士珍。

>>> **主演**：王人美、金焰、葉娟娟、章志直、嚴工上。

《天明》（故事片，黑白，無聲），聯華影業公司1933年出品。VCD（雙碟），時長97分22秒。

>>> **編劇、導演**：孫瑜；**攝影**：周克。

>>> 主演：黎莉莉、高占非、葉娟娟、袁叢美、羅朋。

《母性之光》（故事片，黑白，無聲），聯華影業公司第一製片廠1933年出品。VCD（雙碟），時長93分鐘。

>>> 【原作：田漢】；**編劇、導演**：卜萬蒼；**攝影**：黃紹芬。

>>> 主演：金焰、黎灼灼、陳燕燕、魯史、談瑛。

《小玩意》（故事片，黑白，無聲），聯華影業公司1933年出品。VCD（雙碟），時長103分鐘。

>>> **編劇、導演**：孫瑜；**攝影**：周克。

>>> 主演：阮玲玉、黎莉莉、袁叢美、湯天繡、劉繼群。

《惡鄰》（故事片，黑白，無聲），月明影片公司1933年出品。VCD（單碟），時長41分15秒。

>>> **編劇、說明**：李法西；**攝影**：任彭壽。

>>> 主演：鄔麗珠、張雨亭、王如玉、王東俠、馬鳳樓。

《體育皇后》（故事片，黑白，無聲），聯華影業公司1934年出品，「聯華」上海第二製片廠攝製。VCD（雙碟），時長86分24秒。

>>> **編劇、導演**：孫瑜；**攝影**：裘逸葦。

>>> 主演：黎莉莉、張翼、白璐、王默秋、高威廉。

《大路》（故事片，黑白，配音），聯華影業公司1934年出品。VCD（雙碟），時長105分鐘。

>>> **編劇、導演**：孫瑜；**攝影**：裘逸葦。

>>> 主演：金焰、陳燕燕、黎莉莉、張翼、鄭君里。

《新女性》（故事片，黑白，配音），聯華影業公司1934年出品。VCD（雙碟），時長105分鐘。

>>> **編劇、導演**：蔡楚生；**攝影**：周達明。

>>> 主演：阮玲玉、鄭君里、湯天繡、王乃東、顧夢鶴。

《神女》（故事片，黑白，無聲），聯華影業公司 1934 年出品。VCD（雙碟），時長 73 分 28 秒。

>>> **編劇、導演**：孫瑜；**攝影**：張偉濤。

>>> **主演**：阮玲玉（飾演阮嫂）、黎鏗（飾演阮嫂的兒子）、章志直（飾演阮嫂的丈夫）、李君磐（飾演小學校長）。

《桃李劫》（故事片，黑白，有聲），電通影片公司 1934 年出品。VCD（雙碟），時長 102 分 46 秒。

>>> **編劇**：袁牧之；**導演**：應雲衛；**攝影**：吳蔚雲、李熊湘。

>>> **主演**：袁牧之、陳波兒、唐槐秋、周伯勳、黃志宏。

《風雲兒女》（故事片，黑白，有聲），電通影片公司 1935 年出品。VCD（雙碟），時長 89 分 10 秒。

>>> 【**原作**：田漢；**分場劇本**：夏衍】；**導演**：許幸之；**攝影**：吳印咸。

>>> **主演**：袁牧之、王人美、談瑛、顧夢鶴、陸露明。

《孤城烈女》（原名《泣殘紅》，故事片，黑白，無聲），聯華影業公司 1936 年出品。VCD（雙碟），時長 88 分 26 秒。

>>> **編劇**：朱石麟；**導演**：王次龍；**攝影**：陳晨。

>>> **主演**：陳燕燕、鄭君里、尚冠武、韓蘭根、恒勵。

《聯華交響曲》（短篇集，黑白，有聲），聯華影業公司 1937 年 1 月出品公映。VCD（雙碟），時長 102 分 45 秒。

《兩毛錢》　>>> 【**編劇**：蔡楚生；**導演**：司徒慧敏；**攝影**：□□□】。

>>> 【**主演**：藍蘋、梅熹、沉浮】。

《三人行》　>>> **編劇、導演**：沉浮。

>>> **主演**：韓蘭根、劉繼群、殷秀岑、費柏青、傅桂鳳、周囡囡。

《鬼》　>>> **編劇、導演**：朱石麟。

>>> **主演**：黎莉莉，恒勵。